# 心一堂術數古籍珍本叢刊

書名：王元極增批地理冰海　附批點原本地理冰海
系列：心一堂術數古籍珍本叢刊　堪輿類　第一輯　163
作者：【清】高守中　原著　【民國】王元極　增批
主編、責任編輯：陳劍聰
心一堂術數古籍珍本叢刊編校小組：陳劍聰　素聞　梁松盛　鄒偉才　虛白盧主

出版：心一堂有限公司
地址／門市：香港九龍尖沙咀東麼地道六十三號好時中心LG 六十一室
電話號碼：+852-6715-0840　+852-3466-1112
網址：sunyata.cc
publish.sunyata.cc
電郵：sunyatabook@gmail.com
網上書店：http://book.sunyata.cc
網上論壇：http://bbs.sunyata.cc/

版次：二零一五年十月初版
平裝

港幣　三百八十元正
定價：人民幣　三百八十元正
新台幣　一千四百九十八元正

國際書號：ISBN 978-988-8317-03-5



香港及海外發行：香港聯合書刊物流有限公司
地址：香港新界大埔汀麗路三十六號中華商務印刷大廈三樓
電話號碼：+852-2150-2100
傳真號碼：+852-2407-3062
電郵：info@suplogistics.com.hk

台灣發行：秀威資訊科技股份有限公司
地址：台灣台北市內湖區瑞光路七十六巷六十五號一樓
電話號碼：+886-2-2796-3638
傳真號碼：+886-2-2796-1377
網絡書店：www.bodbooks.com.tw
台灣讀者服務中心：國家書店
地址：台灣台北市中山區松江路二〇九號一樓
電話號碼：+886-2-2518-0207
傳真號碼：+886-2-2518-0778
網絡書店：http://www.govbooks.com.tw/

中國大陸發行・零售：心一堂書店
深圳地址：中國深圳羅湖立新路六號東門博雅負一層零零八號
電話號碼：+86-755-8222-4934
北京地址：中國北京東城區雍和宮大街四十號
心一店淘寶網：http://sunyatacc.taobao.com

# 心一堂術數古籍 珍本 整理 叢刊 總序

## 術數定義

術數，大概可謂以「推算（推演）、預測人（個人、群體、國家等）、事、物、自然現象、時間、空間方位等規律及氣數，並或通過種種『方術』，從而達致趨吉避凶或某種特定目的」之知識體系和方法。

## 術數類別

我國術數的內容類別，歷代不盡相同，例如《漢書・藝文志》中載，漢代術數有六類：天文、曆譜、五行、蓍龜、雜占、形法。至清代《四庫全書》，術數類則有：數學、占候、相宅相墓、占卜、命書、相書、陰陽五行、雜技術等，其他如《後漢書・方術部》、《藝文類聚・方術部》、《太平御覽・方術部》等，對於術數的分類，皆有差異。古代多把天文、曆譜、及部分數學均歸入術數類，而民間流行亦視傳統醫學作為術數的一環；此外，有些術數與宗教中的方術亦往往難以分開。現代民間則常將各種術數歸納為五大類別：命、卜、相、醫、山，通稱「五術」。

本叢刊在《四庫全書》的分類基礎上，將術數分為九大類別：占筮、星命、相術、堪輿、選擇、三式、讖諱、理數（陰陽五行）、雜術（其他）。而未收天文、曆譜、算術、宗教方術、醫學。

## 術數思想與發展——從術到學，乃至合道

我國術數是由上古的占星、卜筮、形法等術發展下來的。其中卜筮之術，是歷經夏商周三代而通過「龜卜、蓍筮」得出卜（筮）辭的一種預測（吉凶成敗）術，之後歸納並結集成書，此即現傳之《易

經》。經過春秋戰國至秦漢之際，受到當時諸子百家的影響、儒家的推崇，遂有《易傳》等的出現，原本是卜筮術書的《易經》，被提升及解讀成有包涵「天地之道（理）」之學。因此，《易・繫辭傳》曰：「易與天地準，故能彌綸天地之道。」

漢代以後，易學中的陰陽學說，與五行、九宮、干支、氣運、災變、律曆、卦氣、讖緯、天人感應說等相結合，形成易學中象數系統。而其他原與《易經》本來沒有關係的術數，如占星、形法、選擇，亦漸漸以易理（象數學說）為依歸。《四庫全書・易類小序》云：「術數之興，多在秦漢以後。要其旨，不出乎陰陽五行，生尅制化。實皆《易》之支派，傅以雜說耳。」至此，術數可謂已由「術」發展成「學」。

及至宋代，術數理論與理學中的河圖洛書、太極圖、邵雍先天之學及皇極經世等學說給合，通過術數以演繹理學中「天地中有一太極，萬物中各有一太極」（《朱子語類》）的思想。術數理論不單已發展至十分成熟，而且也從其學理中衍生一些新的方法或理論，如《梅花易數》、《河洛理數》等。

在傳統上，術數功能往往不止於僅僅作為趨吉避凶的方術，及「能彌綸天地之道」的學問，亦有其「修心養性」的功能，「與道合一」（修道）的內涵。《素問・上古天真論》：「上古之人，其知道者，法於陰陽，和於術數。」數之意義，不單是外在的算數、歷數、氣數，而是與理學中同等的「道」、「理」--心性的功能，北宋理氣家邵雍對此多有發揮：「聖人之心，是亦數也」、「萬化萬事生乎心」、「心為太極」。《觀物外篇》：「先天之學，心法也。……蓋天地萬物之理，盡在其中矣，心一而不分，則能應萬物。」反過來說，宋代的術數理論，受到當時理學、佛道及宋易影響，認為心性本質上是等同天地之太極。天地萬物氣數規律，能通過內觀自心而有所感知，即是內心也已具備有術數的推演及預測、感知能力；相傳是邵雍所創之《梅花易數》，便是在這樣的背景下誕生。

《易・文言傳》已有「積善之家，必有餘慶；積不善之家，必有餘殃」之說，至漢代流行的災變說及讖緯說，我國數千年來都認為天災，異常天象（自然現象），皆與一國或一地的施政者失德有關；下至家族、個人之盛衰，也都與一族一人之德行修養有關。因此，我國術數中除了吉凶盛衰理數之外，人心的德行修養，也是趨吉避凶的一個關鍵因素。

## 術數與宗教、修道

在這種思想之下，我國術數不單只是附屬於巫術或宗教行為的方術，又往往是一種宗教的修煉手段--通過術數，以知陰陽，乃至合陰陽（道）。「其知道者，法於陰陽，和於術數。」例如，「奇門遁甲」術中，即分為「術奇門」與「法奇門」兩大類。「法奇門」中有大量道教中符籙、手印、存想、內煉的內容，是道教內丹外法的一種重要外法修煉體系。甚至在雷法一系的修煉上，亦大量應用了術數內容。此外，相術、堪輿術中也有修煉望氣（氣的形狀、顏色）的方法；堪輿家除了選擇陰陽宅之吉凶外，也有道教中選擇適合修道環境（法、財、侶、地中的地）的方法，以至通過堪輿術觀察天地山川陰陽之氣，亦成為領悟陰陽金丹大道的一途。

## 易學體系以外的術數與的少數民族的術數

我國術數中，也有不用或不全用易理作為其理論依據的，如揚雄的《太玄》、司馬光的《潛虛》。也有一些占卜法、雜術不屬於《易經》系統，不過對後世影響較少而已。

外來宗教及少數民族中也有不少雖受漢文化影響（如陰陽、五行、二十八宿等學說。）但仍自成系統的術數，如古代的西夏、突厥、吐魯番等占卜及星占術，藏族中有多種藏傳佛教占卜術、苯教占卜術、擇吉術、推命術、相術等；北方少數民族有薩滿教占卜術；不少少數民族如水族、白族、布朗族、佤族、彝族、苗族等，皆有占雞（卦）草卜、雞蛋卜等術，納西族的占星術、占卜術，彝族畢摩的推命術、占卜術……等等，都是屬於《易經》體系以外的術數。相對上，外國傳入的術數以及其理論，對我國術數影響更大。

## 曆法、推步術與外來術數的影響

我國的術數與曆法的關係非常緊密。早期的術數中，很多是利用星宿或星宿組合的位置（如某星在某州或某宮某度）付予某種吉凶意義，并據之以推演，例如歲星（木星）、月將（某月太陽所躔之宮次）等。不過，由於不同的古代曆法推步的誤差及歲差的問題，若干年後，其術數所用之星辰的位置，已與真實星辰的位置不一樣了；此如歲星（木星），早期的曆法及術數以十二年為一周期（以應地支），與木星真實周期十一點八六年，每幾十年便錯一宮。後來術家又設一「太歲」的假想星體來解決，是歲星運行的相反，週期亦剛好是十二年。而術數中的神煞，很多即是根據太歲的位置而定。又如六壬術中的「月將」，原是立春節氣後太陽躔娵訾之次而稱作「登明亥將」，至宋代，因歲差的關係，要到雨水節氣後太陽才躔娵訾之次，當時沈括提出了修正，但明清時六壬術中「月將」仍然沿用宋代沈括修正的起法沒有再修正。

由於以真實星象周期的推步術是非常繁複，而且古代星象推步術本身亦有不少誤差，大多數術數除依曆書保留了太陽（節氣）、太陰（月相）的簡單宮次計算外，漸漸形成根據干支、日月等的各自起例，以起出其他具有不同含義的眾多假想星象及神煞系統。唐宋以後，我國絕大部分術數都主要沿用這一系統，也出現了不少完全脫離真實星象的術數，如《子平術》、《紫微斗數》、《鐵版神數》等。後來就連一些利用真實星辰位置的術數，如《七政四餘術》及選擇法中的《天星選擇》，也已與假想星象及神煞混合而使用了。

隨着古代外國曆（推步）、術數的傳入，如唐代傳入的印度曆法及術數，元代傳入的回回曆等，其中我國占星術便吸收了印度占星術中羅睺星、計都星等而形成四餘星，又通過阿拉伯占星術而吸收了其中來自希臘、巴比倫占星術的黃道十二宮、四大（四元素）學說（地、水、火、風），並與我國傳統的二十八宿、五行說、神煞系統並存而形成《七政四餘術》。此外，一些術數中的北斗星名，不用我國傳統的星名：天樞、天璇、天璣、天權、玉衡、開陽、搖光，而是使用來自印度梵文所譯的：貪狼、巨門、祿存、文曲，廉貞、武曲、破軍等，此明顯是受到唐代從印度傳入的曆法及占星術所影響。如星命術中的《紫微斗數》及堪輿術中的《撼龍經》等文獻中，其星皆用印度譯名。及至清初《時憲曆》，置閏之法則改用西法「定氣」。清代以後的術數，又作過不少的調整。

此外，我國相術中的面相術、手相術，唐宋之際受印度相術影響頗大，至民國初年，又通過翻譯歐西、日本的相術書籍而大量吸收歐西相術的內容，形成了現代我國坊間流行的新式相術。

## 陰陽學——術數在古代、官方管理及外國的影響

術數在古代社會中一直扮演着一個非常重要的角色，影響層面不單只是某一階層、某一職業、某一年齡的人，而是上自帝王，下至普通百姓，從出生到死亡，不論是生活上的小事如洗髮、出行等，大事如建房、入伙、出兵等，從個人、家族以至國家，從天文、氣象、地理到人事、軍事，從民俗、學術到宗教，都離不開術數的應用。我國最晚在唐代開始，已把以上術數之學，稱作陰陽（學），行術數者稱陰陽人。（敦煌文書、斯四三二七唐《師師漫語話》：「以下說陰陽人謾語話」，此說法後來傳入日本，今日本人稱行術數者為「陰陽師」）。一直到了清末，欽天監中負責陰陽術數的官員中，以及民間術數之士，仍名陰陽生。

古代政府的中欽天監（司天監），除了負責天文、曆法、輿地之外，亦精通其他如星占、選擇、堪輿等術數，除在皇室人員及朝庭中應用外，也定期頒行日書、修定術數，使民間對於天文、日曆用事吉凶及使用其他術數時，有所依從。

我國古代政府對官方及民間陰陽學及陰陽官員，從其內容、人員的選拔、培訓、認證、考核、律法監管等，都有制度。至明清兩代，其制度更為完善、嚴格。

宋代官學之中，課程中已有陰陽學及其考試的內容。（宋徽宗崇寧三年〔一一零四年〕崇寧算學令：「諸學生習……並曆算、三式、天文書。」「諸試……三式即射覆及預占三日陰陽風雨。天文即預

定一月或一季分野災祥，並以依經備草合問為通。」

金代司天臺，從民間「草澤人」（即民間習術數人士）考試選拔：「其試之制，以《宣明曆》試推步，及《婚書》、《地理新書》試合婚、安葬，並《易》筮法，六壬課、三命、五星之術。」（《金史》卷五十一・志第三十二・選舉一）

元代為進一步加強官方陰陽學對民間的影響、管理、控制及培育，除沿襲宋代、金代在司天監掌管陰陽學及中央的官學陰陽學課程之外，更在地方上增設陰陽學課程（《元史・選舉志一》：「世祖至元二十八年夏六月始置諸路陰陽學。」）地方上也設陰陽學教授員，培育及管轄地方陰陽人。（《元史・選舉志一》：「（元仁宗）延祐初，令陰陽人依儒醫例，於路、府、州設教授員，凡陰陽人皆管轄之，而上屬於太史焉。」）自此，民間的陰陽術士（陰陽人），被納入官方的管轄之下。

至明清兩代，陰陽學制度更為完善。中央欽天監掌管陰陽學，明代地方縣設陰陽學正術，各州設陰陽學典術，各縣設陰陽學訓術。陰陽人從地方陰陽學肄業或被選拔出來後，再送到欽天監考試。（《大明會典》卷二二三：「凡天下府州縣舉到陰陽人堪任正術等官者，俱從吏部送（欽天監），考中，送回選用；不中者發回原籍為民，原保官吏治罪。」）清代大致沿用明制，凡陰陽術數之流，悉歸中央欽天監及地方陰陽官員管理、培訓、認證。至今尚有「紹興府陰陽印」、「東光縣陰陽學記」等明代銅印，及某某縣某某之清代陰陽執照等傳世。

清代欽天監漏刻科對官員要求甚為嚴格。《大清會典》「國子監」規定：「凡算學之教，設肄業生。滿洲十有二人，蒙古、漢軍各六人，於各旗官學內考取。漢十有二人，於舉人、貢監生童內考取。附學生二十四人，由欽天監選送。教以天文演算法諸書，五年學業有成，舉人引見以欽天監博士用，貢監生童以天文生補用。」學生在官學肄業、貢監生肄業或考得舉人後，經過了五年對天文、算法、陰陽學的學習，其中精通陰陽術數者，會送往漏刻科。而在欽天監供職的官員，《大清會典則例》「欽天監」規定：「本監官生三年考核一次，術業精通者，保題升用。不及者，停其升轉，再加學習。如能黽勉供職，即予開復。仍不及者，降職一等，再令學習三年，能習熟者，准予開復，仍不能者，黜退。」除定期考核以定其升用降職外，《大清律例》中對陰陽術士不準確的推斷（妄言禍福）是要治罪的。《大清律例・一七八・術七・妄言禍福》：「凡陰陽術士，不許於大小文武官員之家妄言禍福，違者杖一百。其依經推算星命卜課，不在禁限。」大小文武官員延請的陰陽術士，自然是以欽天監漏刻科官員或地方陰陽官員為主。

官方陰陽學制度也影響鄰國如朝鮮、日本、越南等地，一直到了民國時期，鄰國仍然沿用着我國的多種術數。而我國的漢族術數，在古代甚至影響遍及西夏、突厥、吐蕃、阿拉伯、印度、東南亞諸國。

## 術數研究

術數在我國古代社會雖然影響深遠，「是傳統中國理念中的一門科學，從傳統的陰陽、五行、九宮、八卦、河圖、洛書等觀念作大自然的研究。……傳統中國的天文學、數學、煉丹術等，要到上世紀中葉始受世界學者肯定。可是，術數還未受到應得的注意。術數在傳統中國科技史、思想史，文化史、社會史，甚至軍事史都有一定的影響。……更進一步了解術數，我們將更能了解中國歷史的全貌。」（何丙郁《術數、天文與醫學中國科技史的新視野》，香港城市大學中國文化中心。）

可是術數至今一直不受正統學界所重視，加上術家藏秘自珍，又揚言天機不可洩漏，「（術數）乃吾國科學與哲學融貫而成一種學說，數千年來傳衍嬗變，或隱或現，全賴一二有心人為之繼續維繫，賴以不絕，其中確有學術上研究之價值，非徒癡人說夢，荒誕不經之謂也。其所以至今不能在科學中成立一種地位者，實有數因。蓋古代士大夫階級目醫卜星相為九流之學，多恥道之；而發明諸大師又故為惝恍迷離之辭，以待後人探索；間有一二賢者有所發明，亦秘莫如深，既恐洩天地之秘，復恐譏為旁門左道，始終不肯公開研究，成立一有系統說明之書籍，貽之後世。故居今日而欲研究此種學術，實一極困難之事。」（民國徐樂吾《子平真詮評註》，方重審序）

現存的術數古籍，除極少數是唐、宋、元的版本外，絕大多數是明、清兩代的版本。其內容也主要是明、清兩代流行的術數，唐宋或以前的術數及其書籍，大部分均已失傳，只能從史料記載、出土文獻、敦煌遺書中稍窺一鱗半爪。

## 術數版本

坊間術數古籍版本，大多是晚清書坊之翻刻本及民國書賈之重排本，其中豕亥魚魯，或任意增刪，往往文意全非，以至不能卒讀。現今不論是術數愛好者，還是民俗、史學、社會、文化、版本等學術研究者，要想得一常見術數書籍的善本、原版，已經非常困難，更遑論如稿本、鈔本、孤本等珍稀版本。在文獻不足及缺乏善本的情況下，要想對術數的源流、理法、及其影響，作全面深入的研究，幾不可能。

有見及此，本叢刊編校小組經多年努力及多方協助，在海內外搜羅了二十世紀六十年代以前漢文為主的術數類善本、珍本、鈔本、孤本、稿本、批校本等數百種，精選出其中最佳版本，分別輯入兩個系列：

一、心一堂術數古籍珍本叢刊

二、心一堂術數古籍整理叢刊

前者以最新數碼（數位）技術清理、修復珍本原本的版面，更正明顯的錯訛，部分善本更以原色彩色精印，務求更勝原本。并以每百多種珍本、一百二十冊為一輯，分輯出版，以饗讀者。後者延請、稿約有關專家、學者，以善本、珍本等作底本，參以其他版本，古籍進行審定、校勘、注釋，務求打造一最善版本，方便現代人閱讀、理解、研究等之用。

限於編校小組的水平，版本選擇及考證、文字修正、提要內容等方面，恐有疏漏及舛誤之處，懇請方家不吝指正。

心一堂術數古籍 珍本 整理 叢刊編校小組

二零零九年七月序

二零一四年九月第三次修訂

# 提要

王元極增批地理冰海，【清】高守中原著，【民國】王元極增批。原線裝一冊不分卷。寫本，未刊稿。虛白盧藏本。另附批點原本地理冰海，【清】高守中著，民國佚名三元玄空派高手批點，據光緒三十三年（一九零七）活字重刊本批點清理出版。

高守中，字文俊，奉天鐵嶺（今遼寧省鐵嶺市）漢軍旗人。生卒不詳。活動於〔清〕同治、光緒間。是〔清〕雍正帝稱為「名臣第一」及堪定清西陵的高其倬（一六七六——一七三八）的玄孫。精堪輿術。著有《地理冰海》等。本書《地理冰海》初刊於光緒戊子（一八八八），然流傳極稀。今天坊間通行版本，只見八十年代香港關鳳翔（抱樸齋主）據〔清〕楚晨五溪老人於光緒丁酉（一八九七）輯入《地理經正鈔》卷一的《地理冰海》重刻本再增刪節錄本。今本書底本原本據高氏門人張學林，於光緒丁未（一九〇七）活字重刊點校修定本清理重刊。批點、注釋方面，本書輯入兩種：一是高氏門人在原本基礎上加以標點及修訂；以及在原本上的民國佚名三元玄空派高手批點，另一是虛白盧藏〔民國〕王元極據〔清〕楚晨五溪老人於光緒丁酉（一八九七）輯入《地理經正鈔》卷一的《地理冰海》重刻本，增釋及批校的寫本《增批地理冰海》。

高守中於〔清〕同治元年壬戌（一八六二）在四川資江，從堪輿名家羅蘆笙遊八年，得傳風水「楊公真訣」。再經十七年「遍覆天下古今名墓……絲毫不爽」，因希望天下孝子不被庸師所誤，遂把其師之秘圖、口訣及其心得，結集成本書。書中雖只十二圖，然皆謂是「楊公真訣」，曰：「上智乃一年可悟，中人二年可悟，天資遲鈍而有恆心者，三年必悟。若致力久而不能得傳者，一見即悟！」書中更誓曰：「倘所得之訣，非楊公真訣，妄自著書立說，貽誤後人，必遭天誅地滅，永墮阿鼻地獄。」高氏晚居廣州省城（廣州市），乃清末廣州著名地師，被譽為「廣州近代唯一懂挨星真訣之人」。其學在廣東及省城一帶，影響深遠，尤其是當地漢軍旗籍世家，風水上多宗其學。當時高氏點穴的酬勞（連山價），動輒銀元千元以上，比其他地師為高，可知其聲譽之隆。相傳高氏風水理氣，與清初蔣大鴻弟子于鴻儀一脈有關。本書中〈東西二卦圖〉，與虛白廬藏于鴻儀一脈秘鈔本（輯入心一堂術數古籍珍本叢刊，即將出版）對比，與于氏一脈的「東西卦水法」多類似，此說當有所本。本書〈體用兼收圖〉中「口訣中口訣」：「巽坤離向巽坤離，山水龍神個個齊。乾震坎兮乾震坎，一家骨肉一家宜。卦分兌艮為三合，兩個東兮兩個西。此是雲陽親口訣，勿庸濫授泄天機。」，此又與虛白廬藏秘鈔本《三元玄空挨星四十八局圖說》（輯入心一堂術數古籍珍本叢刊，經已出版）中口訣類似，其中兩者應有關連。二書對讀，當有會心。高氏之學應該不屬於「玄空六法」系統，但有相通之處。故習「玄空六法」者，亦多參考本書。

本書書前的寫本中的增釋及批校部份，是民國二十五年（一九三六）王元極著的《增批地理冰海》。王元極，字建五，號守一野人，四川建陽人。生於〔清〕光緒八年（一八八二），約卒於二十世紀五、六十年代。通經、史、子、集，「工詩文，性疏野」。精堪輿、天文（推步、曆算）。乃當時四川堪輿名家。與友周宗璞、楊天祐於四川成都開設天昌館，每年出版曆書：《天星七政參合干支正宗選擇通書》、為人選日課、選地，發明研製匾渾天儀。亦授課堪輿、天星選擇，從學者眾。著有《三元真諦（讀地理辨正指南）》、《三元陽宅萃篇》、《增批地理冰海》、《挨星金口訣》、《偽法叢談》、《校補天元選擇辨正》、《天星七政參合干支正宗選擇通書》等。門人有鄭元周、許昌義、周性天、王之瓊、馮家華、張義尚等。

王元極聲譽極隆，當地被譽為蔣大鴻、章仲山後第一人。近人霍斐然云清末民初四川有兩個「大易」，王氏即其一。近人張義尚曾從師多人：「……謂元極而臻其頂。師作《挨星金口訣》，確能貫通《（地理）辨正》一書而無惑，故師之門徒遍天下。其《偽法叢談》……《三元陽宅萃編》等，亦流通甚廣。元極師相貌奇古，於地學三元派玄空大卦、挨星五行之法，探研四十餘載，發明之後，以之遍驗二十四（山）名墳之興衰成敗時節因緣，皆一一符合。」

王元極堪輿之學，宗三元玄空家蔣大鴻。力辟三合、小玄空之說，也反對張心言六十四卦之說。認為「蔣子以來，千百中得訣者不過一二人。」除蔣大鴻著述外，推崇（清）姚銘三《地理辨正再辨》、（清）章仲山《地理辨正直解》、（清）尹一勺《地理辨正補義》、（清）周梅梁《地理仁孝必讀》、（清）高守中《地理冰海》。認為「三元真傳：一下卦，一起星，盡之矣。」其挨星訣，以三般卦分天地人起盤，山水分用，不同紫白飛星法，亦不同四川之《玉函通秘》一派作法。引章氏《地理辨正直解》：「蓋挨星是以得時得令之星，安於合時合局之水。」證俗傳之非。

王氏對高氏及其著作《地理冰海》極之推崇，謂：「校而批之，覺此原文醒至十之八九，將使有志斯道者：捷足津染、突破迷霧，不致捕風捉影、害己害人，是亦真理氣之一指南也。」有感原書中仍多處欲言又止，所以又一一加以詳經說明，令人一目了然。

高守中、王元極皆強調地理中，先天河圖（體）與後天洛書（用）是不可混淆的。正是三元家蔣大鴻一脈相承所強調的「先天查氣用於穴中，後天看形用於象外。河圖辨陰陽之交媾，洛書察甲運之興衰。」所以王氏增批本書，明確點出：「下卦挨星，實為兩途。」認為時人曲解蔣大鴻、章仲山等之三元理氣：「混求交媾於挨星之中！」

王氏本書與他的其他著作如《三元真諦》、《挨星金口訣》、《三元陽宅萃篇》均是王氏授徒力作，并未公開發售。本書更是對王氏《三元真諦》、《挨星金口訣》二書的補充，王氏著述內容直接了當，道出三元玄空家之秘，簡單明瞭，一洗數百年來地理書守秘之風。本書頁數不多，卻是字字千金，誠是習三元玄空家者必讀。再以本書與王氏其他著述如《三元真諦稿本—讀地理辨正指南》、《三元陽宅萃篇》、《王元極校補天元選擇辨正》等對讀，當知王氏破解三元玄空家不傳之秘要。

為令此稀見刊本及寫本不致湮沒，特以最新技術清理、修復版面，部份更以原色（彩色）精印，一以作術數資料保存，一以供同道中人參考研究。

增批地理冰海序

堪輿始見漢志，而就文以天地之道釋之。雖後世流為術數，定無稽迷信。迴然不牟，不可辟言淆亂，致有今日政府之將以公墓矯正之耳。吹遂清高文良公為兩江總督時，曾手自相視山陵，平生精力，批有撼疑龍經傳世，言形書也。其五世孫守中，又撰地理冰海一冊，凡十二圖，所謂陰陽对待，交媾之竅；元運往來，消長之機，無不賅括於內，洵為法家之度鍼。然參伍爲一，引而不發，必上智乃一年可悟，中人則須二年，下士更待三年，亦云難乎其人矣。雖宣誓激烈，具有絕大苦心，試問後來學子，有能口誦手絵，心思神会而悟之者乎。元極學而不偶，混跡青烏闡發形法課書，已蒙人不嗜謬，茲又深感冰海苦心，恐其終[illegible]醫甑，爰校西灣批之覺，比原文醒些十之八九，將使有志斯道者，捷足津梁，突破迷霧，不致捕風捉影，害己害人，是亦真理氣之一指南也。竊謂夏蟲不可以語冰，井蛙不可以語海，原書命名，思深致遠，悲憤幾些，不可名狀。今之以物質文明自號者，乃相率指斥堪輿為迷信，若自吾輩觀之，當此科學競爭時代，堪天輿地，誠研究天文地質之一大門徑也，昌迷信多夏蟲井蛙者流，即充塞天地，絕無一人再談再信，吾道亦將藏之名山，傳之其人之不泯也。爰付手民，蓋亦保存國粹云耳。

民二十五年元日西蜀華陽王元極建五氏序於蓉城天昌館

# 地理冰海原序

噫嘻。悲哉。地理之道。至今日卑鄙惡劣。蔑有加矣。楊公在唐時其偽訣已有一百二十家。千餘年來。又不知增至幾倍焉。各承師授。以訛傳訛。不辨真偽。專尚口給。弃乎己者攻之。勝於己者謗之。嗚呼。世道衰微。莫此為甚。以其術行於一家。殃及一家。行於一方。殃及一方。甚至著書傳世。殃及天下後世。可憐千葉宗枝。從此而斬。萬代香煙。從此而絕。每念及此。不禁遶（攝拳）爪嚙々穿齦也。余幼失怙恃。復值時艱。年芒珥筆四方。為糊口計。凡有一技之長於己者。即為請業焉。歲壬申。棄筆貲江浔。遇羅君號蘆笙者。延其人富而好施。博覽古今載籍。尤精於青烏之學。請師事之。寒暑八周，得授大道衣鉢，用是遍察天下古今名墓，細究其所以興敗之由，十七年來，絲毫不爽。蔣公曰：不笑不言三尺土，掌管禍福急如火。先賢之語，豈欺我哉。余高祖父文良公以地理見賞於聖祖仁皇帝，當時呈陵略康矣之。余於古道不得之於祖傳，而得於師授。失而復得，豈非天歟。敢不精益求精，繼起先人，開示後學。若有志於斯道者之嘗失也耶。竊見今時地理之學，於形勢所尚者，廖金精之九星，所謂燎大攞蕩、凹腦天財之類。否則張白雲之五星，金生水，木生火則吉；木見金，水見火則凶之類。最陋者，唱形矣穴。一家如鬼形下王字，獅形下球，龜形下鼻之類（鳳形下翼），種種醜惡，令人噴飯。此形勢之啃（悖）謬也。於理氣所尚者，有單據地盤以乾亥壬十二紅字呼為陽山陽向，挨星向左順挨，子癸丑十二黑字呼為陰山陰向，挨星向右逆挨，天元挨天元，人元挨人元，地元挨地元，一一挨去，稱為楊公真訣者；有以左水到右，當立陽向，右水到左，當立陰向者；有以天元為父母，人元為順子，地元為逆子，天元可兼人元，人元不能兼天元，取父母可兼子息之義，地元不能兼天元，天元亦不能兼地元，謂為地元獨用者；有以貪狼子癸與甲申，壬卯未坤乙巨門，在對宮經四位而起貪狼，謂之水上挨星者；有以坤上庚丁是黃泉，坎龍坤兔震山猴，呼為黃泉八煞，並以乙向巽流清富貴，坤丁終是萬斯箱，呼為救貧黃泉者；有以水從生旺方來，死絕方去

（辰戌丑未呼為四大水口，所謂乙丙交而趨戌，辛壬會而聚辰也。）

如亥卯未会成三合。分順逆八局者。有以刪卦掌、中起中落、弦起弦落、輔弼囘宮。謂之八宮掌诀者。有用穿山透地分金、以乾坤艮巽屬水、辰戌丑未屬金。天地人三盤。為消砂（收山消水）納水立向者。有以先天陰陽对待之（立体）卦。妄作後天元空致用之卦（硬將六十四卦、）分布二十四山者。此又理氣之妄誕也。以上形勢理氣種種。偽術惑世。欺民。搞錢求食。直令死者屍骸難存。生者死亡相繼。不畏天誅。不畏地滅。不畏神呵。不畏鬼責。余已預卜其天網恢恢。疏而不漏。將來其禍。不及於己身。必及於己之子孫。冤冤相報於無窮也。今將（昔桓公对管仲曰。仲父但為善以善。而不為善以不善。為天焉知其善之所以為善哉。余師其意）师授秘诀。绘圖立説。復將偽诀。一一指出。俾世之有志求地葬親者。不為富奴所愚弄。則父母之體骨可保。子孫之富貴可期。余於此道推己及人。不敢多讓。容有淺陋者曰。予今將形勢理氣人所共習。世所共尚者。概指為非。又安知世人不以予道為非耶。余起而大呼曰。夏蟲不可以語冰。井蛙不可以語海。是書一出。但願有緣者見而信之。遵而行之。大地陽基。及早收拾。任使狂妄之徒。駡我打我。笑我殺我。吾亦有所不計也。

鐵嶺　高文俊守中　自序

五勸

一　地理之學首貴讀書。不讀書則不能窮理，若於理有未窮，則真知有不盡。請以讀書為第一勸。

一　地理之學固貴讀書，然地理之書汗牛充棟，曰管郭，曰楊曾，等家備造。除葬書、疑龍、撼龍、地理辨正直解、天玉歌四書外，悉是偽書。有志斯道者，請以讀此四部書為第二勸。

一　地理之學貴得名師指示。退之云：古之學者必有師，師者所以傳道授業解惑。不能捕風捉影，茫無着落。請以得名師為第三勸。

一　地理得名師又貴得益友。古人云：獨學無友，孤陋寡聞。尺以所短。

寸以所長共相問難，其道大光。請以得益反相問難者第四勸。

一 地理之學，貴有恆心。一暴十寒，得不償失。日月如流，白首無成矣。於用力之久，一旦豁然貫通。請以自強不息者第五勸。

五不可

一 地理之求學者，恐無天資。然天資過人，每多自悞，未經師授，為以莫覺。實有之事，漠然視之。既得師傳，又以為太易而輕忽之，甚至逞橫掃之筆，任意著作，貽禍千古。如荊公因攊而亂宗，不可輕傳一也。

一 學地者，既患聰明誤用，尤患資質愚魯。天下事有常必有變，知形勢中之陵谷変遷，水草更易，理氣中之物換星移，抽爻換象，不能推測所以然之故，但守一成不変之呆法，自誤誤人，為趙括讀父書而喪師，不可輕傳二也。

一學地理者，必將義利二字勘得透澈，若遇忠孝廉節之士，家道貧寒，不能得地葬親者，須竭誠推相造為之矣，地葬親事後，分文不受，所謂休戚相関，原不虛生人世。若惟利是図，不辨賢否不肖，但得多金為之矣，化窃恐人力不能勝天，徒招禍咎而已。古人於義利二字，呼為人鬼関頭，若遇此輩，不可輕傳三也。

一學地理者，貴在立品，倘遇無事不為，無錢不要之人，縱以白璧十双，黃一金百斤為質。恐遭天譴。不可輕傳四也。

一學地理者。貴在忠恕為恆。若其人平日剛愎自用。武斷鄉曲。以致衆累叛親離。鄉閭不齒。令人敢怒而不敢言。於是挾衆重資以求道。意在得訣。一則為己身及子孫立富貴之基。再則借其術以害其宗族鄉黨。倘輕傳之。為虎生翼。其害不可勝言。有干造物之忌。不可輕傳五也。

## 辨三大誤

高守中曰地理之學雖有楊筠松曾公安蔣平階章仲山四先生披肝露膽闡裨發微大聲疾呼欲啟後人聾瞶無如世之習地理者既非聰明達賢之質又乏明師指示以致捕風捉影終身了無所得嗚呼斯道千餘年來皆為長夜細探其故其誤有三一則以先天陰陽對待立體之卦誤認為後天元空往來致用之卦二則以認山龍之法誤認為認水龍之法三則以理氣之龍誤認為形勢之龍吾今將三大誤指出復將界限分清使後之學者知為體者不可以用言為用者不可以體言山有山之用法水有水之用法形勢之龍固有山洋可辨理氣之龍須覺消長而推求為暗室之

三

明示。後人之寶筏。後之學者尚其勉之。

元極按地理三誤之後。二誤稍知。走道門徑者早已辨之矣。惟第一誤近人絕少見及。蓋不知對待立極之勢。如為何勢。往來致用之勢。又為何勢。遂致淆混不清。遂處誤人之不少也。卜勢挨星。實為兩途。誤走辨誤分明已極。乃溫明遠。後券音沈竹礽。諸人。混求交媾於挨星之中。著書多種。愈談愈晦。誤人不識伊於胡底。余曾撰述。地理辨正冒禁錄。鑰正之。原人微言輕。卒難發聾振聵。於眾口淆亂之際。且當政府提倡公墓時代。即真知之。亦將無所措手矣。然藏之名山。傳之其人。亦有可為。將來地質科學之一助也。後十二圖。言簡意賅。守中先生之義，可謂至切深矣。

# 地理經正鈔

## 先天理數五行方位圖

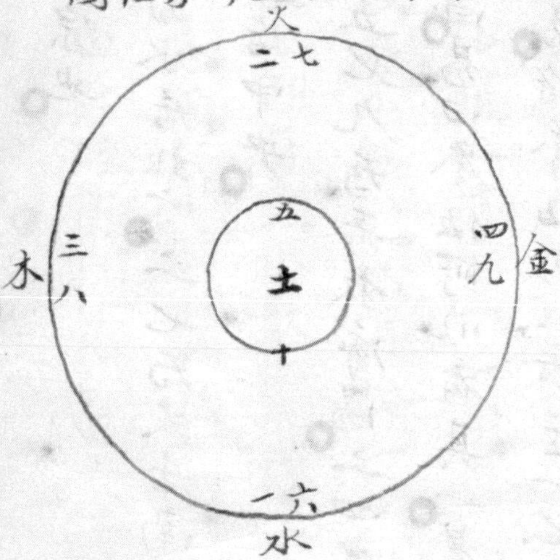


鐵嶺　高大峻守中著

元批　按：此即河圖四象也，題為先天理數五行方位圖，理數五行方位七字當注意玩索。方位即二十四方位也，各方分其理數，五行有至真至正至神至奇之妙用存焉。經曰：五行分布二十四，時師口訣何曾記。其口訣即藏此圖中也，是為陰陽对待之理之妙。

經曰一六共宗二七同道三八為朋四九為(作)友五十同途此二十字識理氣之老祖宗也

一六為水居北方二七為火居南方三八為木居東方四九為金居西方五十為土居中央

一三五七九為奇數屬陽二四六八十為偶數屬陰

守中易曰參伍所以齊其一是即理氣之妙用也奉勸天下後世有志地理者將參伍所以齊之一七字口誦心(手)畫心思神會倘能一旦豁然貫通手指掌無非是道勉之勉之

元極按一六為水居北方北方屬水也又有二七西九參錯之間二七為

火居南方。南方不正火也。又有一六三八。參錯其間。且二十四山只與水火木金無有土也。一入用而在在有土。土歸中五。臨制四方。是為理氣志祖宗。太少陰陽。變化交構。含吐則百二十家渺無詠矣。守中先生舉參伍所以齊之一七。家數人口誦手繪。心思神會。讀者究能頓悟與否。如不能明。余再舉一訣以補之。考人天共賓。吳景鸞註。即定輪埕氣。心即有云。水數六居坎。而生乾。火數七居離。而生巽。木數八居震。而生艮。金數九居兌。而生坤。更所作為此圖之一大註腳也。余抵出可謂金針巧度。殊覺毛骨悚然。大有洩天機之罪矣。

先天八卦方位。乾坤六子陰陽配合圖

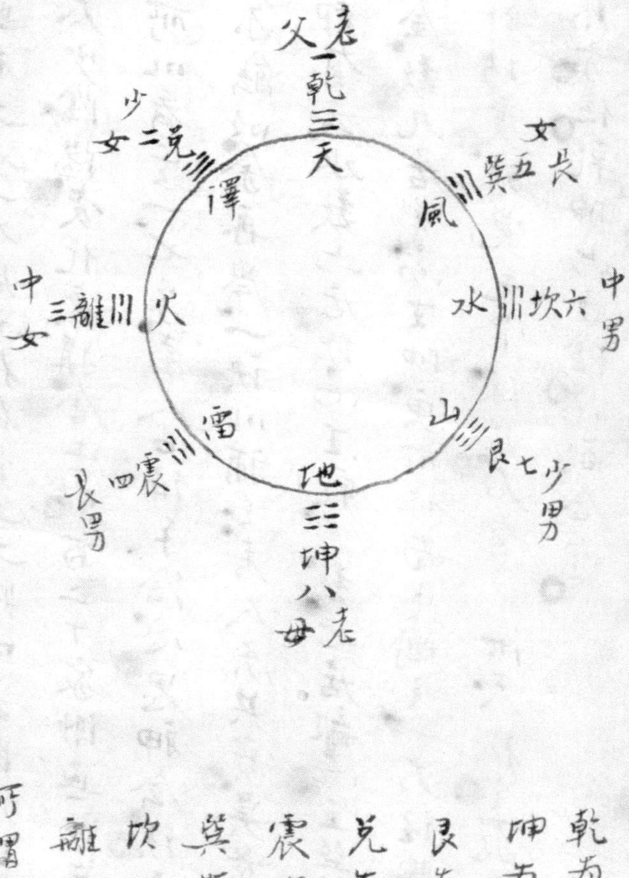


經曰天地定位。山澤通氣。雷風相搏。水火不相射。即乾坤六子交媾也。

乾為老父。坤為老母。艮為少男。兌為少女。震為長男。巽為長女。坎為中男。離為中女。所謂六親也。

高守中曰。河圖有對待而無往來。奉勸天下後世有志地理者將有對待無往來六字。口誦心維。積日累月做去。自有月到天心風來水面景象。其中妙用。誠不足為外人道也。

元極按先天八卦有對待而無往來。誠為陰陽交媾一大端倪。絕對不可移論氣數之消長也。守中先生教人將有對待無往來此字口誦心維。是欲人分清地盤下卦之一法也。近得玉函通秘。敢以先天乾一兌二等數入九宮。掌作山龍之元運起星。質以先天有對待無往來之宗旨。彼訣不攻自破。世猶奉為秘訣。亦何愚昧之甚耶。

八卦分爻。定為二十四山。圖。

後附分爻入用玄機訣

即序此圖註脚

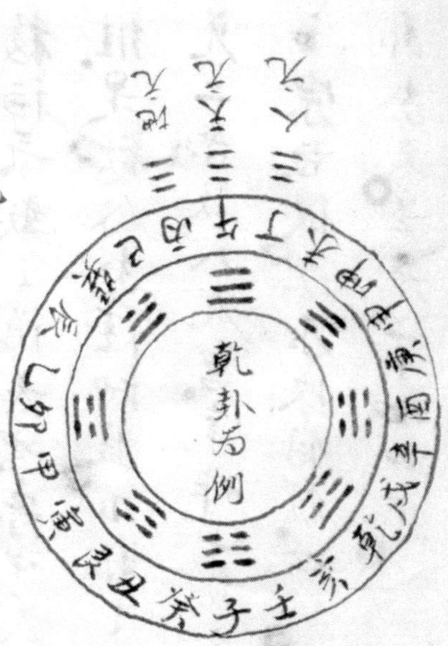


分爻入用玄機訣

子午卯酉。四正之天元。

乙辛丁癸。四正之人元。

甲庚丙壬。四正之地元。

上　乾坤艮巽。四隅之天元。

中　寅申巳亥。四隅之人元。

下　辰戌丑未。四隅之地元。

右法以二十四爻定為天地人三卦每卦得八爻。
元極按分爻入用玄機即三大卦之分用也一卦清純固尤美而然有時不
能一卦清純亦有交媾之妙亦有一卦清純而反不交媾者下卦莫勝
只重交媾足矣而卦之清純與不清純姑勿論焉若天地人三卦取父
母財悉之天極神相通三字青囊云天極純數乃尊是也當細玩之
高字中。所謂一卦清純。即此三卦之妙用也。玄中有陰陽相見者。有陰
陽相乘者。學者苟能融会全書之旨。倘能知之。無待守中之饒舌也。
又曰以上三圖。係先天對待（陰陽）之（交媾）理。伏羲文王周公孔子。四聖人所心契者。
玄所以生天地生男女生萬物之理。盡在箇中。奉勸後世有志地理者執

柯伐柯，其則不遠。切勿牽扯到後天玄空天心上去。勉之勉之。

元極按：元空二字，實為先天對待交搆，後天元運推衍消長之總名。不得誤作後天元空天心也字。迺把先天交搆之不為玄空大五行也。元空之義大矣哉。

後天八卦

九宮方位

九星五行

圖

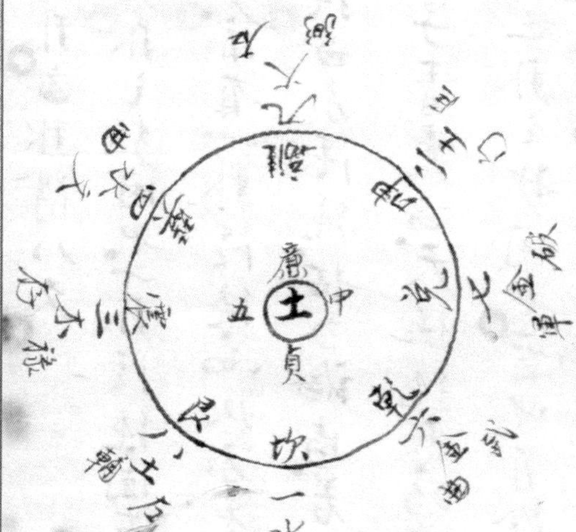

# 三元九運定卦分星圖

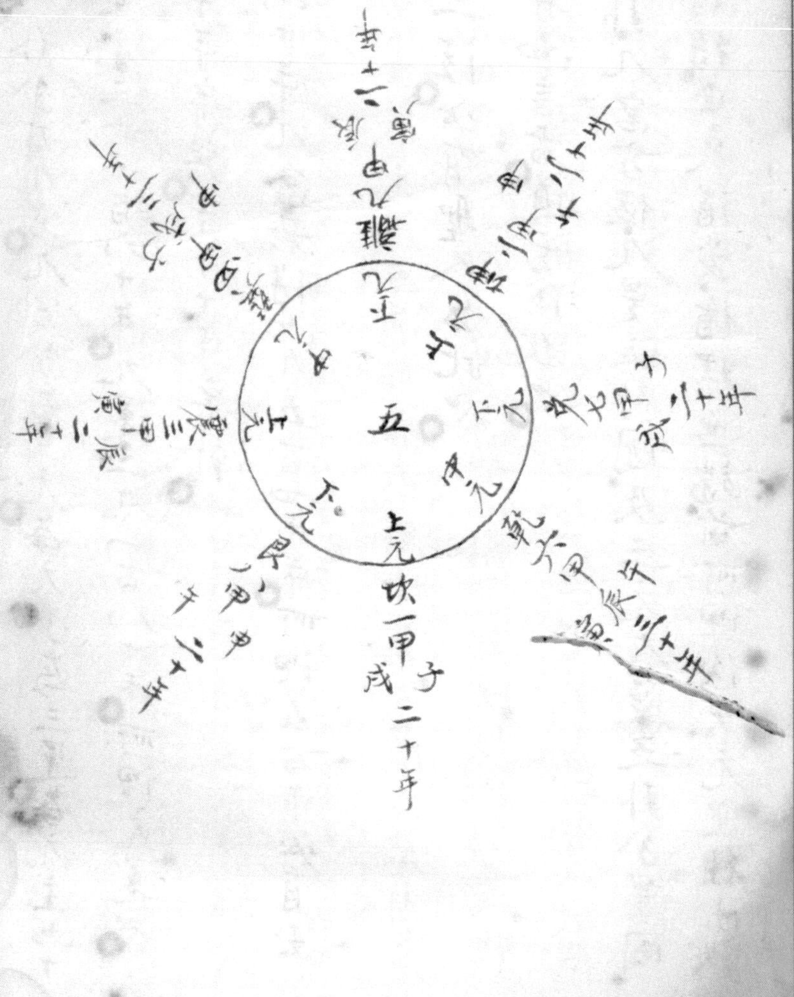

蓋寄中宮之法，以八卦分為九宮，九宮分為三元，每元分為三運，每元主六十年，每運主二十年，三元三六一百八十年，九運三九一百八十年，所謂元運也。

中五無正運，甲申十年寄巽，甲午十年寄乾。

分大三元法，每卦六十年，九宮共得六九五百四十年，所謂五百年必有王者興是也。

所謂五百年黃河一清，必有聖人出此也。

以上二說舉五百年而言者，道之成數也。

元極按：後天八卦九宮方位九星五行圖及三元九運之卦分星圖，皆有往來而無對待，盛衰消長，循環無端，前所謂後天元空往來致用之卦即先二圖是也每運主二十年每元主六十年若自中五判之又上下各主九十年而大三元法又每卦主六十年運之若大若小當視坤局之大小為轉移或小或有不足二十年者且初下時向非乘元不可以子孫尚弱小而微若植物之方始萌芽稍有戕害則滅種矣即既發而後千枝萬葉元運雖過亦似無損傷之處其向或有後艱乘元或有陽宅得運及其仲每族血統同係脉者不察種之变例只覆人一二已發之地見其失元猶盛每每不得其解遂有外觀元運而絕不過問洛書九星為何物者也元運顧可忽乎哉

後天從橫十五數圖

九

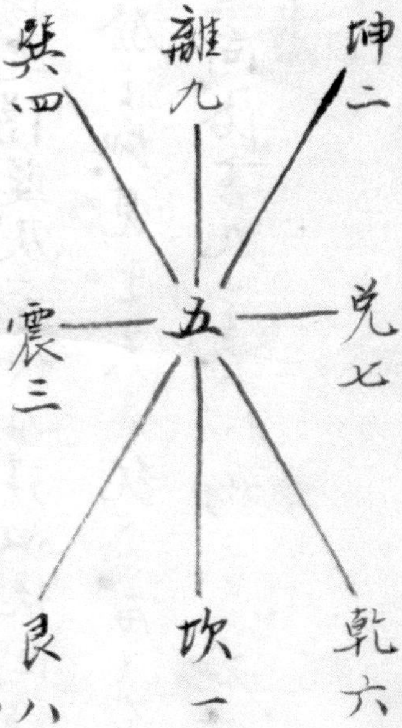


一九合十。合中五。合十五也。二八合十。合中五。合十五也。三七合十。合中五。合十五也。四六合十。合中五。合十五也。

洛書九宮從横。皆得十五數。

高守中曰。洛書九宮從横。皆得十五數。如環無端。所謂天地有壞。這箇不壞也。

每年二十四節氣由八卦二十四爻而出也。每一節氣十五日，即從橫十五數也。每日十二時，五日六十時為一候，即一元也。三候為一節，共得一百八十時，即三元也。

元極按：洛書九宮從橫皆合十五數，尚未足以盡用法，如圖闢之旨也。守中先生乃以節氣日數合之，涉及奇門，殊非地理本法。寶照雖有天有三奇，地六儀，天有九星，地九宮之語，而蔣子注之，亦不過謂挨星與奇門同出一原，非謂奇門之可移用於地理也。守中之意殆欲借奇門以喻挨星歟。讀者切勿誤會。

○龍合向向合水圖

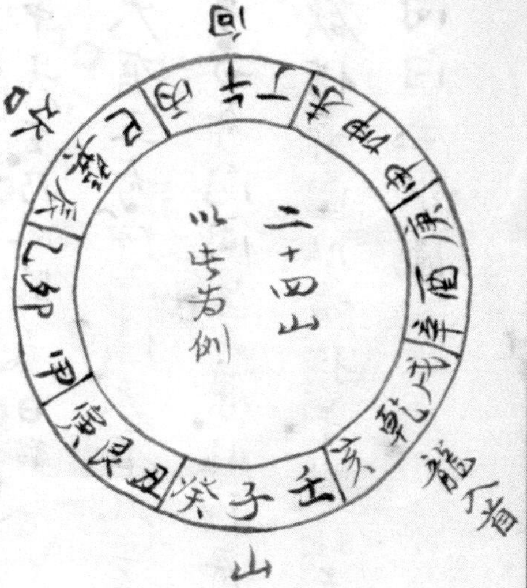


元極
挨星圖曲前第一圖相為表
裏互用之亦有陰陽對待交搆
之妙理存焉但非深知卦爻之真
機者不易道及其字耳

高守中曰龍合向向合水一訣乃挨星秘訣師師相傳口口相授者非忠
孝廉節之士不許妄聞余今對天盟誓將師授秘訣繪圖立說普度汝
賢俠人人之親同歸樂土誓曰鉄嶺高文僕今將
羅芦堂先生侍授地理秘訣繪圖立說侍世倘所得之訣非楊公真訣妄

自著書貽誤後人○必遭天誅地滅○永墮阿鼻地獄○三尺頭上神其鑒之○余今著此地理啄海一書○大費苦心○無异仙佛○捨身救世○後之學者得此書而讀之○誠如楊公所云○千金難買此原文○元禍緣遇着○勿輕洩可也○所謂雌雄交媾大陰陽○月窟天根卦內藏○此是乾坤造化本○会時便躔法中玄此也○

所謂水对三叉細認蹤○細察血脈認來龍○此也○

所謂地畫八卦誰能会○山與水相对○此也○

元極指龍合向○向合水圖○即希夷子之圖闢法也○蔣子辨四大水口條內○巳借三合家○乙丙交而趨戌○辛壬会而聚辰○斗牛納丁庚之氣○金羊收癸

甲之奧。四語畧示人以口訣矣。無奈人多忽焉。不察并髦視之。守中先生。更以此圖為訓。舉一反三。直以真訣傳世。又恐人目為偽。而嚴重宣誓。堅人信從。試問從來著地理書者。曾有若是之苦口婆心者乎。今鈔傳數十年而得者。仍然夢夢。此中殆有天焉。非人之盡庸乎。不愚也。

高守中曰。此圖舉上元為例。

子午卯酉落一四七宮。

寅申巳亥落二五八宮。

辰戌丑未落三六九宮。

坤壬乙巨門從頭出圖

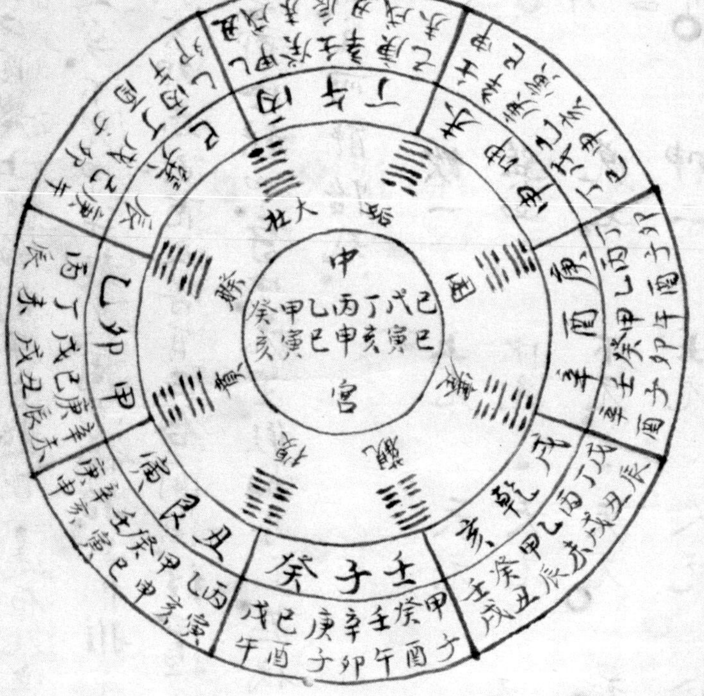

內層八卦通地理辨正

有如雲程主人合繪一圖

元極按此圖舉上元為例甲子起坎逆布九宮即一年一太歲法也中元甲子起巽下元甲子起兌周而復始照例推之即得且每三宮申子辰寅午戌亥卯未巳酉丑皆有三合閱像經曰但看太歲是何神又曰三合年中是即此法也宗中先生假坤壬乙為代名詞未免掩蔽已極豈淺見者之所能悟哉

## 三般卦

此舉九宮為例

| | | |
|---|---|---|
| 坎一 | 上元 | 天元 |
| 巽四 | 中元 | 天元 |
| 兌七 | 下元 | 天元 |
| 坤二 | 上元 | 人元 |

元極按三般卦訣即蔣子所謂地理大卦與奇門同出一原之鐵證也歟

將二十四山分合配換用

見抄之我無窮

| | | |
|---|---|---|
| 中五 | 中元 | 人元 |
| 艮八 | 下元 | 人元 |
| 震三 | 上元 | 地元 |
| 乾六 | 中元 | 地元 |
| 離九 | 下元 | 地元 |

分合圖 九星即九宮也

高守中曰三般卦訣歷代明師秘密寶藏不敢輕洩蔣公所謂古來知味者數合而已陰陽往來盈虛消長皆從此出所謂欲求富貴三般卦出卦家貪巨之此也

所謂天地父母三般卦財師未曾話此也

所謂更看父母下三吉三般卦第一此也玄空大卦神仙說本是此經訣

不識宗枝但亂傳。開口莫糊言。若还不信此經文。但覆古人墳。此也。

元極按三般卦以一四七二五八三六九為例。乃起挨星運盤之綱要也。須知天元寅卦然自起而人地兩元。必經四位而起。指得此中活法。蓋即一四七。四七一。七一四。二五八。五八二。八二五。三六九。六九三。九三六。之循環遞轉也。每卦三爻。即分三用。如一運下子午卯酉乾巽艮坤八山。即以一入中。五下寅申巳亥乙辛丁癸八山。即以四入中。五下辰戌未丑丙壬庚甲八山。即以七入中。五。若四七一七一四。徵此可推。既得運盤。以山向兩星。分陽順陰逆。再入中五挨排本卦八路。以察盈虛消長。洞若觀火。必無遁情。經所謂八卦只有一卦通。此也。所謂排星仔細看五行。看自何卦生出也。所謂來山八卦不知踪。八卦九星空出也。所謂干維乾艮巽坤壬。陽順星辰輪。支辰（神）坎震離兌癸。陰卦逆行取。出也。所謂二十四山分兩路。認取五行主。出也。章仲山解八神四個二。謂江西一卦。即從天之兌。兌為七。下元之首運。可知既兼首。該包三卦。即以七數至九。亦該得三吉。曰二者何也。惟玄空心法中。只得艮兌不得離九云云。即出三般卦之妙用也。學者可不參互以求之乎。

又按挨星。即紫白之變例也。亦有不分三般卦起者。但以令星入中五。求得山向所值之星。再入中五。天地人三卦同一起星。惟陰陽順逆有異。

十四

後卷吾雖主三般卦亦兼用之始附以備一[illegible]說。

（存疑）挨星之說聚訟紛如。昔梁短亭答姚正甫書。云慨十有八家之疑。

余致力三十年。諸說并通。亦惟三般卦起例。頗與經文合符。然。以[illegible]予楷五

不可信之說。折之仍不如抓重地盤分三元為上下兩片之一法。尤為穩妥。

而有驗也。蔣子最講挨星者。及云辨偽條內。亦有抓重地盤元運之論。

詳後口訣一條之附批自明。

東西二卦圖

上元

東　坎坤震巽

西　乾兌艮離

天元

上元　東　坤震巽乾
　　　西　兌艮離坎
　　　　　　　人元

上元　東　震巽乾兌
　　　西　艮離坎坤
　　　　　　　地元

此舉上元為例，餘可類推。

高守中曰：蔣公云四吉四凶分順逆，父母二卦顛倒輪，指出東西二卦而言也。二卦變化不周流，出虛陰可作陽，陽可作陰，非一二三四為東四卦，六七八九為西四卦，萬古不變之呆法也。學者出閱一破，頭頭是道，活潑天機見矣。所謂分却東西兩個卦，會者傳天下，學取仙人經一宗，切莫亂談空。五行山下問來由，入首便知蹤，此也。

十六

# 體用兼收圖

内層洛書
中層後天
外層先天

口訣

乾六離九是朝宗。坤二坎一脈合通。天三地八若朋友。天七地四氣相從。

元極

挨東西二卦，當以一二三四為一元，六七八九又為一元，上下四運對待分途，一山一水各致其用。試以蔣子所謂雖曰三元，其實兩元而已之說祀之，實所明其為正法也。當求乎生圖以遞退為對待，縱駁活潑，究與洛書上下四運之義不符，安得矯揉造作而用之耶。若謂天盤挨星以四吉四凶而論，又與經文三星五吉之例矛盾。蓋三吉原取本元三吉，并三般卦而成五吉耳。且有財不能全收五吉，只得一吉二吉三吉者。

生入挨星中，秘之又秘也。

高守中曰：生圖與前龍合向、向合水圖相表裏，誠能兩圖合參，法門廣大矣。

離九來龍穴定震巽龍入脈要坤宮坎水來朝嗣至元源出坤八卦六宮。從天來龍先天向生成灌照互相融。

高守中曰學者將從天來龍先天向七字行坐住臥念茲在茲直到水窮山盡定然柳暗花明必曰守中苦心人也。吾師乎吾師乎。

元極按從天來龍先天向之訣照先後天排去龍向交搆去中尚有得五失三之弊守中先生未嘗明言故教人行住坐臥念茲在茲必再參合前之龍合向向合水閱顛倒变換抬出先天理數五行有相通之妙所謂直到水窮山盡定然柳暗花明者也否則膠柱鼓瑟不但從不合通即以形局而往山河大地豈盡九彼圖之旁來

例精乎。每有直來正受。雖來先後交通。亦反得陰陽相見福祿允貞之不小者也。守中之歡為人師。心園切矣。無奈解人難索。弟子之精少何。

口訣中秘訣

坤巽離分向坤巽離。山水就神個個齊。乾震坎分乾震坎。一家骨肉一家宜。卦分艮兌先天合。（先三）（兩）一個東分（東兩）一個西。兌是陰陽親口訣。切勿輕傳泄化機。

為守中四生訣。借先天卦位。暗指後天元運。使人不易測識耳。先天之坤巽離。即後天之坎坤震。所得上元一二三也。向坤巽離者當一

十七

二三運財。但有合財之龍。合財之向。合財之水。與坤巽離相配。合用得合法。則龍向水合成一家。可謂簡而當也。要訣由體用兼收閱。同中有異。急宜分清。不相假借也。

元極按：坤巽離口訣。係用後天行氣。先天主運。判三元為兩片。上四運財。坤母統三男主山。則乾父亦統三女主水。下四運財。乾父統三女主山。則坤母統三男主水。故以一家骨肉。一東一西為隱謎。要用法。山水龍神之零正催照。均先主地盤是體。辨之甚詳。後乃用挨星之法。決吉凶之增減。要元運之一體一用也。今人視為呆板。漫不經心。抑知蔣子亦有重視地盤之明訓乎。辨偽云。乙之與辰。寅之與甲。巽巳之與丙。相去不啻千萬里。有財生吉而彼凶。有財生凶而彼吉。午之與丙丁亥之與卯乾之與甲乙巽之與辰丑寅之與艮。相去不過尺寸之分。有財而吉則必與俱吉。有財而凶則必與之俱凶。欲察脉之參生坤巽離一訣。更可了然坤盤元運。之不可偏廢矣。

北斗七星打刦圖

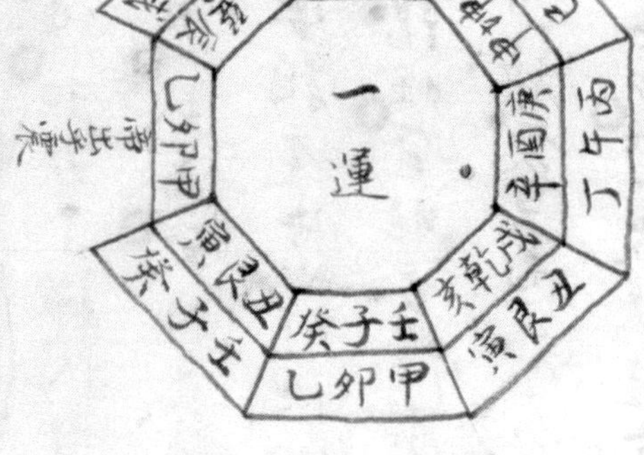

高守中曰七星打刦閱也三般卦相為經緯即古今禪代推移治亂興亡悉本乎此所謂天機妙訣本不同八卦只有一卦通乾坤艮巽躔何位乙辛丁癸落何宮甲庚壬丙來何地星辰流轉要相逢也所謂伊排父母陰龍位山向同流水也所謂甲庚壬丙是陽位有財占陰不喚陽乙辛丁癸是陰位有財占陽即喚陽也所謂不知變易但知不易九星八卦皆空不識三般那識兩片凡為五行尽錯也所謂數雖首一周實首震此也楊公嘗云歷代王侯皆禁斷今引出在江東地理中持小周之者再學者備欲融会以上先天三閱後天九閱識周萬卦收所謂無周識無周不是周無識不顯之奧旨殫精竭神積日累月則上智一年可悟中人

二年可悟。天質遲鈍而有恆心者三年必悟。若致力久而不能得傳者亦見即悟。自此鉗鍾在手。造化從心。不難步伍楊曾。希蹤郭。箇中人必不以予言為河漢也。倘得訣後任意妄為。恐遭天誅雷殛。非予輕傳之過。彼持此自取其咎耳。

元極指北斗打刦聚散殺歿之中。只三般卦逆數陽七二說頗得正解。次則以龍合向。向合水。合五合十。合十五。及一六二七三八四九者為顛倒解之。亦有至理存焉。守中先生以帝出乎震為起例。實非撥星之正法。蓋數雖首一。因實首震。是解出震者要當語之以四時八節驗洛書也。守中前已例出三般卦訣。曷又闌出戟逆之不顧耶。

豈因以前名閱發過（洩）也。對於前人。慎重天機之宗旨。太覺背馳。遂不能不為此魚目混珠。碔砆亂玉之舞弄欺。若視周實首震一而以起星。吾意周易首乾之一而起也。歸藏首坤之一而起也。連山首艮之亦無不可起也。不知挨星根自洛書。當以令星為主。令星必由中五。經曰。中五立極。臨制四方。（照）爻具在。且以三般卦爻而通之。每卦三爻既有天地人之辨別。則父母子息之起星。俱各不同。豈帝出乎震之所能限哉。守中此著。閱歷苦心。予批守中之書。一辨真校偽。僞中不士無不一目了然。必不待二三年而後指授也。予之用心說守中之苦又何如乎。

嘆息痛恨篇

高守中曰。五帝三王之道。不外一誠。誠者真實無妄之謂也。吾嘗聞之鄉先生曰。嫖賭場中。騙局最多。然其波遇風。層見迭出不窮。今日求地葬親騙局尤多也。嗚呼。可以悲矣。求地葬親何為乎也。上圖祖宗血食。下圖子孫福祿。顧不重且大歟。楊公曰。求地不種德。穩口深藏舌。蔡公曰。種德之困不概見。大地之寶不出世。由是觀之。所謂真龍真穴者。不可以智力爭。不可以富貴求也。蓋以余地理得訣以來。多見推尊於戚友。十七年中。不吝多金。惟真地以葬親者。百難一見也。若夫重資財。薄父母。利取術。仗勢力者。則比比也。直至抱道守真之士甘為

二十

仲連蹈海而不辭。不效子雲附莽而遺羞也。如是江湖求食之輩，得以富貴薰之，禍福恐之，必也。狷視葬骨。扶以藝，受水縶，而彼以見道者。為之收惜，痛恨何如乎。今狷地理中偏局，特書之名。并不書之術坤術人。何乃免傷天地之和，聊以寫之遭際耳。嗟夫。余今以著書述留貽後賢。淺之，但須簡練揣摹。毋勞多方計算。經曰道心惟微，隱意可畏也夫。

# 原跋

高守中曰容有自遠方來揖予而言曰讀子所著地理冰海一書將河洛理數發古人所不敢發道古人所不敢道誠為理氣金針直與河山并壽惜乎無一言道及形勢者然則形勢固不足覺歟予不禁肅然竟尔而對曰子亦有志於斯道者乎居吾語汝夫地理之道形勢者體也理氣者用也體無用不靈用無體不顯然必體立而後用乃備得體而不得用猶播種不得其時斷無發生之理得用而不得體如瓦礫之場不堪栽植也故吾於五行中標出葬書疑龍撼龍地理辨正直解天元五歌四書乃勸天下後世有志斯道者讀之正視此四部書中認龍認穴

諗砂穗水之法，精粗悉備，舉凡遠不待守中之喋喋也。學者倘能將此四部書，字字推敲，節節推敲，全書推敲，合四部書而推敲之，於古人談理氣處，半吞半吐，不敢言不肯言者，再將予所著之書合對讀之，倘有畫龍點睛之妙。嗚呼！知我者其惟楊公乎，罪我者其惟楊公乎。

旹時道光著雍困敦歲日躔降婁之次，鐵嶺高文俊守中書於寔

月次棗星

子華是軒

# 跋

地理之受人以口訣也。每令人嚴重宣誓、而後受之。有訣之真傳。他人不得與聞。遂致受訣者。不敢與人研究。然。輒即被欺詐。誤認魚目為珍珠。偏處皆然。良可浩嘆。從來有以訣授人。先自宣誓。如有同守中之地理冰海者也。是書一小冊。僅一十二圖。蓋用收效。至真至正。詢為不二法門。惜乎圖注簡略。後來學者。未能瞭之宣誓苦心。可謂參伍可以備一先天有對待後往來。趕之口訣。皆其閱覽之。不免有寶鑑塵封之憾。家建五夫子以積學士旁及物曾深造其實撰述叠出。早已紙貴洛陽。近又旅批冰海原書。引人入勝。中智以下立悟。不難利己利人。實為高氏

頃甫脫稿。元周適客於羨。日侍左右。莊誦之餘。狂喜無既。窃謂原書命名根伺夏虫不可以語冰。井蛙不可以語海。二語譏諷少見多怪者流。殊深刺骨。不但近來崇尚物質文明。更目堪輿為迷信。夏虫井蛙之嫌。必將有起而罪家师者。然命名不同家师始也。為夏虫不為夏虫。為井蛙不為井蛙。度量宏深之士。自不瑣瑣之為高氏較也。付諸剞劂。可使仁人孝子。得安親骸於天地氣交之中。不致風蟻水泥為患。且可視同國粹保存。永為地質研究之一助。裨益社會。豈不因家师之校批而更顯哉。元周不文。丁茲機会。謹勉力而為之跋。

民二十五年一月八日　夾江後学鄭元周拜撰跋

## 書後

原書十二圖之最有価值者，先天理數五行方位，後天就合向向合水兩訣而已。若八卦方位，八卦分爻九宮起卦分星，三般卦分合諸圖，尋常法耳，人所易知，雖不饒舌可也。至東西二卦，北斗打刼兩圖，則似是而非，遺誤不少，非真知灼見，撥破此道之月窟天根者，鮮不被其痲醉矣。然守中亦有意為之，非不知其雜偽也，有如金生麗江，玉生楚穴，必待淘洗雕琢而後見焉。守中之用心，殆因天律綦嚴，吐露過甚，五內亦有所恐懼耳。後來學子不得因其詞之隱謎含混，思索頗難，遂輒生謗毀而敝屣棄之，亦不得因其暫之痛快淋漓，欽佩無既，即

三

不辨真偽，而鹵莽用之，斯可謂善讀古人書矣。但不經承建師之批核，真醒。安得人人盡有此卓識哉。起草之秘，又竊毋云役哉。經五易，傾畧良深，乃敢泚筆而書，汝若此。

綿竹門人　許昌義　再拜

光緒丁未年重印

# 地理氷海

門人番邑張學林禮卿氏續刊

# 地理氷海自序

噫嘻悲哉地理之道至今日卑鄙惡劣蔑以加矣楊公在唐時其僞訣已有百二十家千餘年來又不知增至幾倍焉各承師授以訛傳訛不辨眞僞專尙口給異乎已者攻之勝於已者謗之嗚呼世道衰微莫此爲甚以其術行於一家殃及一家行於一方殃及一方甚至著書傳世殃及天下後世可憐千葉宗枝從此而斬萬代香煙從此而絕每念及此不禁握拳透爪嚙齒穿齦也余幼失怙恃復値時難年荒珥筆

四方爲糊口計凡有一技之長於己者即爲之請業請益焉歲壬申橐筆資江得與羅君號蘆笙者遊其人富而好禮博覽古今載籍尤精於青烏之學請

師事之寒暑八週得受大道衣鉢用是遍覆天下古今名墓細攷其所以興敗之由十七年來絲毫不爽蔣公曰不笑不言三尺土掌管禍福急如火先賢之語豈欺我哉余

高祖文良公以地理

見賞於

聖祖仁皇帝當時皇陵皆屬點定余於此道不得之於
祖傳而得之於
師授失而復得豈非天歟敢不精益求精繼起先人開示
後學爲有志於斯道者之嚆矢也耶竊見今時地理之學
於形勢所尙者廖金精之九星所謂燥火攏蕩凹腦天財
之類否則張白雲之五星金生水木生火則吉木見金水
見土則凶之類最陋者喝形點穴一家如虎形下王字獅
形下毬龜形下鼻鳳形下翼之類種種醜惡令人噴飯此

形勢之背謬也○於理氣所尙者○辰戌丑未○呼爲四大水口○所謂乙丙交而趨戌○辛壬會而聚辰也○有以乾亥壬十二紅字○呼爲陽山陽向○挨星向左順挨○子癸丑十二黑字○呼爲陰山陰向○挨星向右逆挨○天元挨天元○人元挨人元○地元挨地元○一一挨去○稱爲楊公眞訣○者有以左水到右○當立陽向○右水到左○當立陰向○有以天元兼人元○謂之順子○地元謂之逆子○天元可兼人元○人元不能兼天元○取父母可兼子息之義○若地元不能兼天元○即天元亦不能兼地

商務局承印

元者有以貪狼子癸與甲申辰坤壬卯乙巨門在對宮經四位而起貪狼謂之水上挨星者有以庚丁坤上是黃泉坎龍坤兎震山猴呼爲黃泉八煞並以乙向巽流清富貴坤丁終是萬斯箱呼爲救貧黃泉者有以水從生旺方來死絕方去如亥卯未會成三合分順逆八局者有以翻卦掌中起中落弦起弦落輔弼同宮謂之八宮掌訣用穿山透地分金以乾坤艮巽屬木辰戌丑未屬金天地人三盤爲消砂收水立向者有以先天對待立体之卦妄作後天

元空致用之卦硬將六十四卦分布二十四山者此又理氣之妄誕也以上形勢理氣總總僞術惑世殃民拐錢求食直令死者屍骸雖存生者死凶相繼不畏天誅不畏地滅不畏神呵不畏鬼責余已預卜其天網恢恢疎而不漏將來其禍必及於己身必且及於己之子孫寃寃相報於無窮也昔桓公對管仲曰仲父但教我以善而不教我以不善我又安知善之所以爲善哉余師其意今將師授秘訣繪圖立說復將僞訣一一指出俾世之有志求

求地以葬親者不爲庸奴所愚弄則父母之骸骨可保子孫之富貴可期余於此道推己及人不敢多讓客有從旁者曰予今將形勢理氣人所共習世所共尚者概指爲非又安知世之人不以子之道爲非耶余起而大呼曰夏蟲不可以語氷井蛙不可以語海是書一出但願有緣者見而信之遵而行之大地陽春及早收拾任使狂妄之徒罵我打我笑我殺我有所不計也是爲序

印務局承刊

五勸

一地理之學首貴讀書非讀書則不能窮理若於理有未窮故其知有不盡請以讀書爲第一勸

一地理之學固貴讀書然地理之書汗牛充棟曰管郭曰楊曾半屬僞造除塟書疑龍撼龍地理辨正直解天元五歌四書外悉是僞書有志於此道者請以讀此四部書爲第二勸

一地理之學貴得明師指示退之有言古之學者必有師師者

所以傳道受業解惑也○不然捕風捉影○茫無着落○請以得明師指示爲第三勸○

一地理之學既貴得明師○尤貴得益友○古人云○獨學無友○孤陋寡聞○尺有所短○寸有所長○共相問難○其道大光○又以益友相問難爲第四勸○

一地理之學○貴有恒心○一暴十寒○得不償失○日月如流○白首無成○徒自悲歎○雖悔莫追○念茲在茲○分陰是惜○至於用力之久○一旦豁然貫通○更以自強不息爲第五勸○

五不可輕傳

一地理之學○恐無天資○然天分過人○每多自誤○未經師授○以爲莫須有之事○漠然視之○既得師傳○以爲太易而輕忽之○甚至逞燦花之筆○任意著作○遺禍千古○如荊公用周禮而亂宋○不可輕傳一也○

一學地理者○既患聰明誤用○尤患資質愚魯○天下事有常必有變○如形勢中之陵谷變遷○水草更易○理氣中之物換星移○抽爻換象○不能推測所以然之故○但守一成不變之

呆法自誤誤人如趙括讀父書而喪師不可輕傳二也

一學地理者必將義利二字勘得透徹若遇忠孝廉潔之人家道貧寒不能得地以葬親者須當推誠相告爲之點地塟親事後分文不受所謂休戚相關庶不虛生人世若一味惟利是圖不辨賢與不肖但得多金即爲之點地竊恐人力不能勝天徒召禍咎而已古人於義利二字呼爲人鬼關頭若遇此輩不可輕傳三也

一學地理者貴在立品倘遇無事不爲無錢不要之人縱以白

璧十雙。黃金百斤爲贄。恐遭天譴。不可輕傳四也。

一學地理者。貴在忠恕爲懷。若其人平日剛愎自用。武斷鄉曲。以致衆叛親離。鄉閭不齒。令人敢怒而不敢言。於是挾重貲以求其道。意在得訣。後一則爲已身及子孫立富貴之。基再則借其術以害其宗族。鄉黨倘輕傳之。如虎生翼。其害不可勝言。有干造物之忌。不可輕傳五也。

印務局承刊

三大誤

高守中曰地理之學雖有楊筠松曾公安蔣平階章仲山四先生披肝露胆闡精發微大聲疾呼欲啓後人聾瞶無如世之習地理者既非聰明特達之資又乏之明師指示以致捕風捉影終身了無所得嗚呼此道千餘年來皆爲長夜細揆其故其誤有三一則以先天陰陽對待立體之卦誤認爲後天元空往來致用之卦二則以認山龍之法誤以爲認水龍之法三則以理氣之龍誤認爲形勢之龍吾今將三大誤指出復將界限分清使

後之學者知爲體者不可以用言爲用者不可以體言山有山之用法水有水之用法形勢之龍自有山洋可辨理氣之龍須憑消長而推永爲暗室之明燈渡人之寶筏後之學者尚其勉之

印務局承刊

# 先天理數五行方位圖

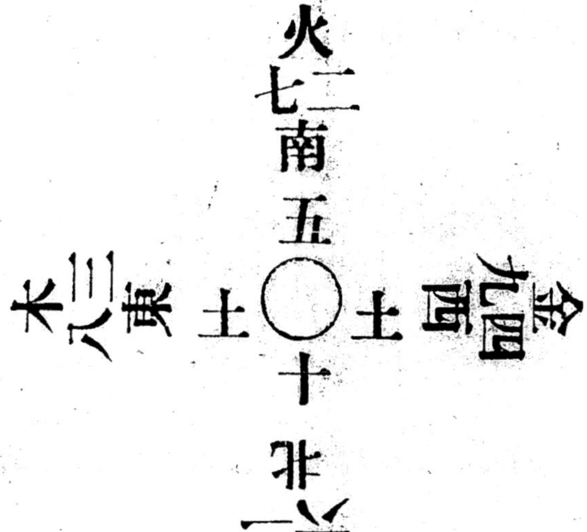


此图逢五則止再由一数去及二六水由一数至五止复数一是六

經曰一六共宗二七同道三八爲朋四九爲友五十同途此二十字誠理氣之老祖宗也

一六爲水居北方二七爲火居南方三八爲木居東方四九爲金居西方五十爲土居中央

一三五七九爲奇數屬陽二四六八十爲偶數屬陰守中曰易曰參伍所以齊一是即理氣之妙用也奉勸天下後世有志於地理者將參伍所以齊一六字口誦之手畫之心思之神會之自能一旦豁然隨手拈來無非是道勉之勉之

先天八卦方位乾坤六子陰陽配合之圖

此先天八卦不動不同後天八卦變動無常但用後天以返先天即是結地所謂後天来龍先天向也

乾爲老父坤爲老母艮爲少男兌爲少女震爲長男巽爲長女坎爲中男離爲中女所謂六親也

經曰天地定位山澤通氣雷風相搏火水不相射卽乾坤六子交媾也

高守中曰河圖有對待而無往來奉勸天下後世有志於地理者將有對待無往來六字口而誦心而維積日累月做去自有月到天心風來水面景象其中妙用誠不足爲外人道也

# 八卦分爻定為二十四山圖

乾卦為例

人元 ☰

天元 ☰

地元 ☰

八卦中每卦三爻內寓天地人三元

天元龍子午卯酉乾坤艮巽八個字格入脈处用羅經地盤格之到头结穴在此八字方是真結人元乙辛丁癸寅申巳亥亦如此則地元甲庚壬丙辰戌丑未亦同一般格龍立向也

## 分爻入用元機訣

子午卯酉　四正之天元

乾坤艮巽　四隅之天元

八字共一卦為天元龍

乙辛丁癸　四正之人元

寅申巳亥　四隅之人元

八字共成一卦為人元龍

甲庚壬丙　四正之地元

辰戌丑未　四隅之地元

八字共為一卦為地元龍

其法以二十四爻定爲天地人三卦每卦得八爻

印務局排

高守中曰所謂一卦清純即此三卦之妙用也但其中有陰陽相見者有陰陽相乘者學者苟能融會全書之旨自能知之無待守中之饒舌也

以上三圖係先天陰陽對待之理伏羲文王周公孔子四聖人所心契者其所以生天地生男女生萬物之理盡在個中奉勸天下後世有志於地理者執柯伐柯其則不遠切勿牽扯到後天元空天心上去勉之勉之

此後天八卦用之調遞飛宮於一白坎入中五順輪二黑入乾六三碧入七赤兌四綠入八白艮五皇入九紫離六白入坎一宮七赤入二黑坤宮八白入三碧震九紫入四綠巽是也

所謂參伍錯蹤有時陽喚為陰陰喚為陽也

# 後天八卦九宮方位九星五行圖

# 三元九運定卦分星圖

上中下三元起運如上甲子以一白入中二黑在乾三碧在兑順數去餘依此推至九數止

中元甲子以四綠入中宮五黃在乾六白在兑七赤在艮之類

下元甲子以七赤入中宮八白入乾九紫在七赤一白在艮二黑在離一一數去

高守中曰○其法以八卦分爲九宮○九宮分爲三元○每元分爲三
運○每元主六十年○每運主二十年○三元○三六一百八十年○九
運○二九一百八十年○所謂元運也
中五無正運○甲申十年寄巽○甲午十年寄乾○
分大三元法○每卦六十年○並九宮○共得六九五百四十年○
所謂五百年必有王者興此也○
所謂五百年黃河一清○必有聖人出此也○
以上貳事○舉五百而言者○道其成數也○

陽一片

陰一片

| 陽一片 | 中 | 陰一片 |
| --- | --- | --- |
| 先天艮 後天乾 六 | 五黃中 | 先天兌 後天巽 四 |
| 先天坎 後天兌 七 | | 先天離 後天震 三 |
| 先天震 後天艮 八 | | 先天巽 後天坤 二 |
| 先天乾 後天離 九 | | 先天坤 後天坎 一 |

龍分兩片陰陽取即此也坎離交媾即此也對待即此也

後天合十即此也夫婦對待此也

# 後天縱橫十五數圖

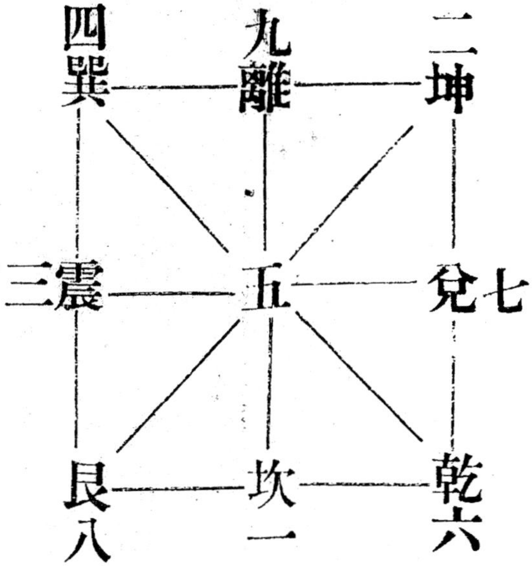



省城文福軒

高守中曰洛書九宮縱橫皆得十五數如環無端所謂天地有壞這个不壞也

每年二十四節氣由八卦二十四爻而出也每一節氣十五日卽縱橫十五數也每日十二時五日六十時爲一候卽一元也三候爲一節共得一百八十時卽三元也

此即後天来龍入首則向合此方有真字則龍是乾水口均照此

後天來龍先天向

龍先天向也其法在後龍入首入脈處用羅經地盤格之如乾离离則先天之乾訣中所謂後天来龍先天向也餘依此類推结穴水口乃此山總水口如在水口格得某字彼以格得水口照六龍脈若兼左兼右之字則龍必兼左兼右歷驗不爽餘多山從類推此秘訣知者甚少珍之寶之　良嫺識

左入首靈以羅
盤之地盤格是
某字或兼左
兼右則結穴以
依兼加為過脈
寅申巳亥則穴
向乙辛丁癸為
過脈是子午卯
酉則穴向乾坤
艮巽為過脈
是辰戌丑未
穴結甲庚丙壬
是一定之理也

龍合向向合水圖

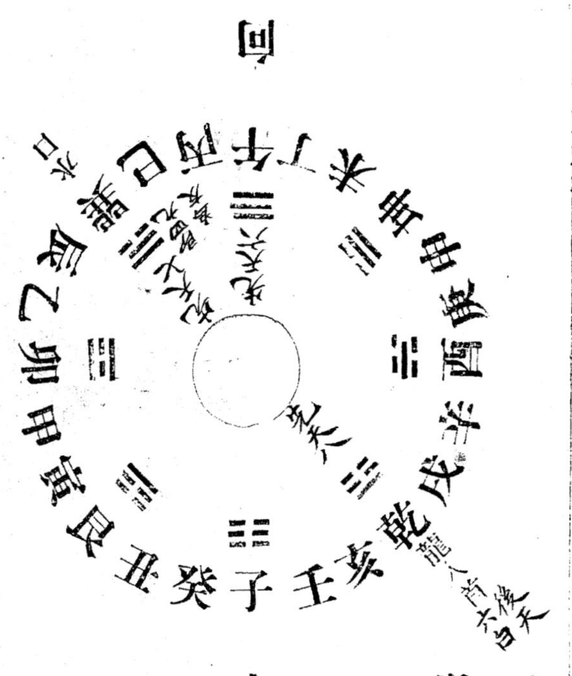


二十四山
以此爲例

山即一六共宗

天地人三卦列
天卦子午卯酉
乾坤艮巽
地卦辰戌丑未
甲庚丙壬
人卦寅申巳亥
乙辛丁癸
作用不出卦
方有結作
三元旺運列
上元甲子用坎
坤震三卦
穴

高守中曰龍合向向合水一訣乃挨星秘訣師師相傳口口相授者非忠孝廉潔之士不許輿聞余今對

天盟誓將

師授秘訣繪圖立說普度後賢使人人之親同歸樂土誓曰

鐵嶺高文俊今將

羅盧筌先生傳授地理秘訣繪圖立說傳世倘所得之訣非

楊公真訣妄自著書貽誤後人必遭天誅地滅永墮阿鼻

地獄三尺頭上

中元甲子用
巽乾之坐
家
下元甲子用
兌艮離之
坐宮此上中
下三元甲子
旺運也
甲庚丙壬乙辛
丁癸乾坤艮巽
此十二字為天干
為天干之字出
脉無結作也

神其鑒之○

余今著此地理冰海一書○大費苦心○無異仙佛捨身救世○後之學者得此書而讀之○誠如楊公所云千金難買此玄文福緣遇着無輕泄可也○所謂雌雄交媾大陰陽月窟天根卦內藏○此是乾坤造化本會時便號法中王此也○

所謂地畫八卦誰能會○山與水相對此也○

所謂水到三叉細認踪○細察血脉認來龍此也○

六乾离九是朝宗
坤宫坎一脉和通
天三地八為朋友
七金地四氣相從
离九来龍穴定震
巽龍入脉到坤宫
坎水潮来附至兑
艮龍立向地六宫
後天来龍先天
向生旺正氣多
融

按此後天卦
氣来龍即以
先天卦氣為

先天八卦

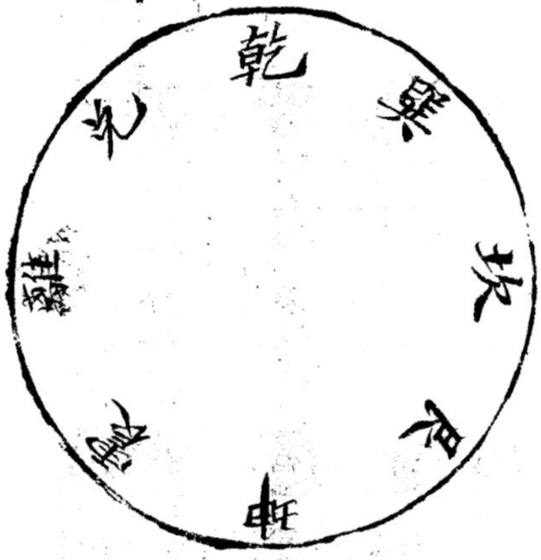


後天八卦

此法後天復先天之義如後天乾龍入脉向法向先天之乾体用兼
備誠至訣也餘龍依此察脉定向

向其義甚深其訣甚秘於六白未龍立離之向離乃先天之乾也豈非受後天之乾陽復受先天之乾陽乎堪輿之秘不外先後而已夫先天為体後天為用若龍

坤壬乙巨門從頭出圖

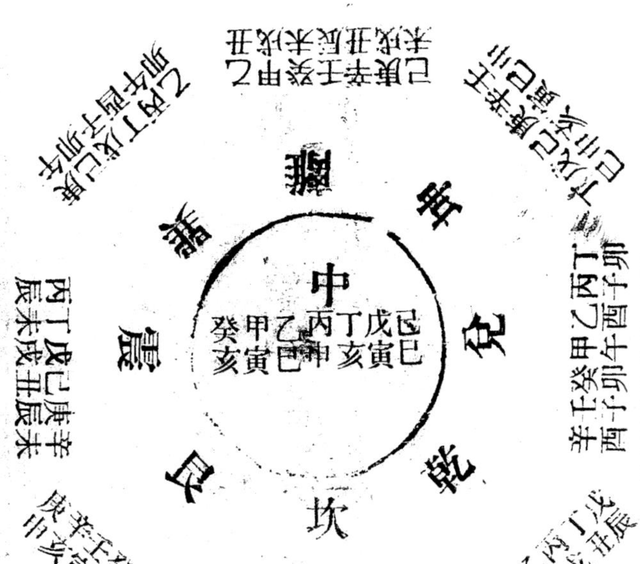

穴砂水辨合先後兩天則体用兼談方為吉地不必多疑矣

高守中曰此圖舉上元爲例子午卯酉落一四七宮寅申巳亥落二五八宮辰戌丑未落三六九宮

八卦所屬

乾為父居西北屬金　坤為母居西南屬土
艮少男居東北屬土　兌少女居正西屬金
坎中男居正北屬水　離中女居正南屬火
震長男居正東屬木　巽長女居東南屬木

八卦相配

乾配坤　艮配兌　坎配離　巽配震

五行相生

金生水　水生木　木生火　火生土　土生金

五行相尅

金尅木　木尅土　土尅水　水尅火　火尅金

# 三般卦分合圖

| | | | |
|---|---|---|---|
| 天元 | 坎一 | 上元 | 天元 |
| | 巽四 | 中元 | 天元 |
| | 兌七 | 下元 | 天元 |
| 人元 | 坤二 | 上元 | 人元 |
| | 中五 | 中元 | 人元 |
| | 艮八 | 下元 | 人元 |
| 地元 | 震三 | 上元 | 地元 |
| | 乾六 | 中元 | 地元 |
| | 離九 | 下元 | 地元 |

高守中曰三般卦訣歷代明師秘密寶藏不敢輕泄蔣公所謂古今來知此者數人而已陰陽往來盈虛消長皆從此出所謂欲求富貴三般卦出卦家貧乏之此也所謂天地父母三般卦時師未曾話元空大卦神仙說本是此經訣不識宗枝但亂傳開口莫胡言若還不信此經文但覆古人墳此也

# 東西二卦圖

上元天元

東 坎〡坤〢震〣巽〤

西 乾〦兌〧艮〨離〩

上元人元

東 坤〢震〣巽〤乾〦

西 兌〧艮〨離〩坎〡

上元地元

東 震〣巽〤乾〦兌〧

西 艮〨離〩坎〡坤〢

高守中曰蔣公云四吉四凶分順逆父母二卦顛倒輪指此東西二卦而言此二卦變動不居周流六虛陽可作陰陰可作陽非一二三四爲東四卦六七八九爲西四卦萬古不變之呆法也學者此關一破頭頭是道活潑天機見矣

所謂分却東西兩個卦會者傳天下學取仙人經一宗切莫亂談空亡五行山下問來由入首便知踪此也

# 體用兼收圖

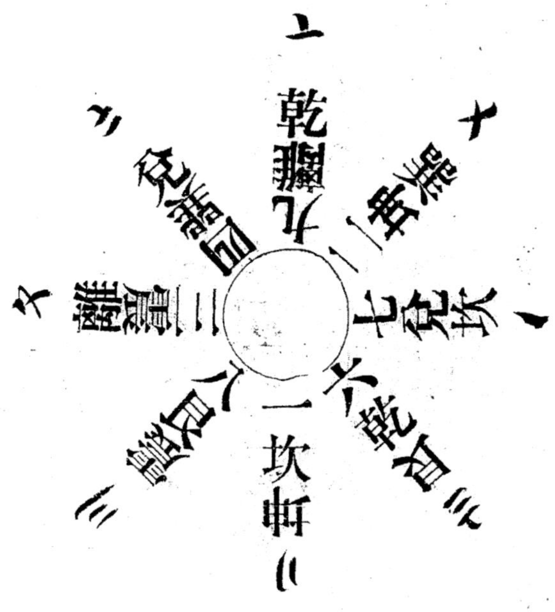


一六共宗
二七同道
三八為朋
四九為友

此圖與後天中龍合向向合水圖相表裏誠能兩圖會參法門廣大矣

口訣

乾六離九是朝宗坤二坎一脉合通天三地八爲朋友天七地四氣相從離九來龍穴定震巽龍入脉要坤宮坎水來朝時至兌源出地八到六宮後天來龍先天向生成催照互相融守中又曰學者將後天來龍先天向七字行住坐臥念玆在玆直到水窮山盡定然柳暗花明必曰守中爾眞苦心人也

此指後天八卦盤言。乾六白在西北。離九在南。離九即先天之乾。六是朝宗也。餘倣此。來龍是東西入脉處。至脉上八分水處下羅盤。格是何字。一路尋去。見有將星辰結穴。砂水朝對美備。立向必符除

吾師乎吾師乎

口訣中秘訣

巽坤離向巽坤離。山水龍神個個齊。乾震坎兮乾震坎。一家骨月一家宜卦分兌艮。爲三合兩個東兮兩個西。此是雲陽親口訣。無庸濫授泄天機。

高守中曰。此訣借先天卦位。暗指後天元運。使人不易測識耳。先天之巽坤離。卽後天之坎坤震。所謂上元一二三也。向巽坤離者。當一二三運之時。自有合時之龍。合時之向。合時之水。與

天味龍先天
向也

巽坤離相配合用得合法則龍向水合成一家所謂個個齊也
此訣與體用兼收圖同中有異急宜分清不相假借也

後

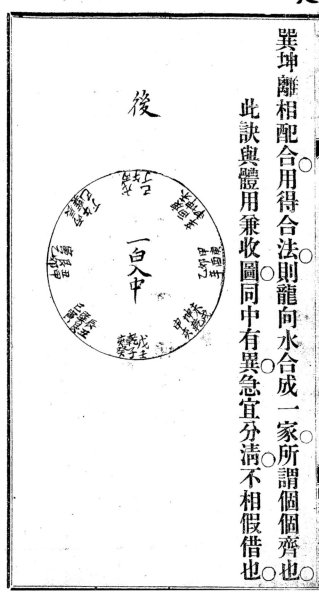

# 北斗七星打刦圖

第七星破軍兌
即七赤也

前

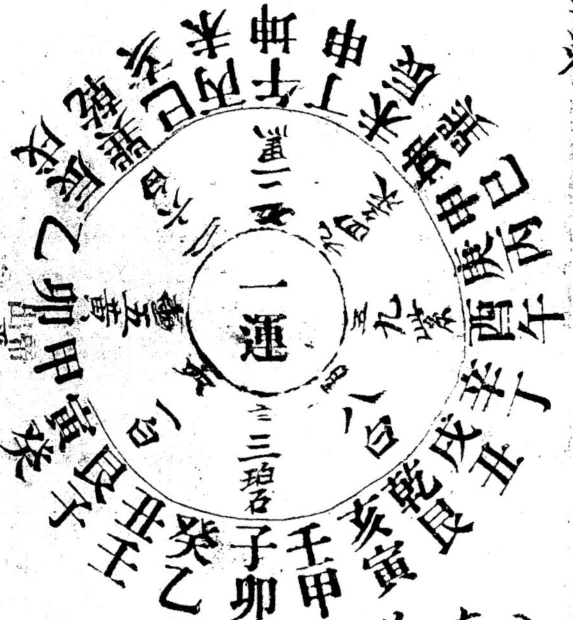

其法以七赤兌
入中順輪八白
左乾九紫左
兌一白左八白
二黑左离一
一挨去

所謂天機妙訣本不同八卦只有一卦通乾坤艮巽躔何位乙辛丁癸落何宮甲庚壬丙來何地星辰流轉要相逢此也

所謂倒排父母蔭龍位山向同流水此也

高守中曰七星打刧圖與三般卦圖相爲經緯者也即古今禪代推移治亂興亡悉本乎此楊公曰歷代侯王皆禁斷予今隱出在江東地理中特小用之者耳學者倘能融會十二圖之奧旨所謂鉗鎚在手造化從心何難步武楊曾齊

名嘗郭倘得訣後任性妄爲恐遭天誅恐遭雷殛非余輕傳之過是自取其咎也

所謂數雖始一用實首震此訣也

所謂甲庚丙壬是陽位有時占陰不喚陽乙辛丁癸是陰位有時占陽即喚陽此也

所謂不知變易但知不易九星八卦皆空不識三般那識兩片凡屬五行盡錯此也

高守中曰以上先天三圖後天九圖體用兼到所謂體無用不

靈用無體不顯學者欲得楊公眞訣請急讀余書上智一年可悟中人二年可悟天資遲鈍而有恆心者三年必悟若致力久而不能得傳者一見卽悟個中人必不以余言爲河漢也

印務局承刊

歎息痛恨篇

高守中曰五帝三王之道不外一誠誠者眞實無妄之謂也吾嘗聞之鄉先生曰嫖賭場中騙局最多如春波遇風層見迭出不意今日求地葬親者之騙局尤多也嗚呼可以悲矣夫求地葬親何等事也上關祖宗血食下關子孫禍福顧不重且大歟楊公曰求地不種德穩口深藏舌蔣公曰種德之莫不概見大地之寶不世出由是觀之所謂眞龍眞穴者不可以智力爭不可以富貴求也審矣余於地理得訣以來多見推尊於戚友士

七年中不吝多金惟求地以安親者百難一見若夫重貲財薄父母行權術仗勢力者則比比也直令抱道守眞之士甘爲仲蓮蹈海而不辭不效子雲附莽而遺羞也如是江湖求食之輩得以富貴薰之禍福恐之必也將親骨投之風煞水蟻而後已見道者其爲歎息痛恨當何如乎今將地理中多騙局特書其名並不書其何地何人何事免傷天地之和聊以寫其遭際耳嗟乎余今已著書留贈後賢從此但須簡練揣摩無勞多方計算經曰道心惟微人心惟危噫可畏也夫

## 後跋

高守中曰客有自遠方來者揖余而言曰讀子所著地理冰海一書將河洛理氣發古人所不敢發道古人所不肯道誠爲理氣金針直與河山並壽惜乎無一言談及形勢者然則形勢固不足憑歟予不禁囅然而起莞爾而對曰子其有志於斯道乎居吾語汝夫地理之道形勢者體也理氣者用也體無用不靈用無體不顯然必體立而後用行倘得體而不得用猶播種不得其時斷無生發之理得用而不得體如瓦礫之場不堪栽植

也故吾於五勸中標出葬書疑龍撼龍地理辨正直解天元五歌四書奉勸天下後世有志於斯道者讀之正謂此四部書中認龍認穴認砂認水之法精粗悉備舉用無遺不待守中之喋喋也學者苟能將此四部書字字推敲句句推敲節節推敲全書推敲合四部書而推敲之於古人談理氣處半吞半吐不敢言不肯言者再將吾所著之書合對讀之自有畫龍點睛之妙

嗚呼知我者其爲楊公乎罪我者其爲楊公乎

光緒蒼雍困敦歲日躔降婁月次壽星鐵嶺守中高文俊　書於實事求是軒

| | | | |
|---|---|---|---|
| **占筮類** | | | |
| 1 | 擲地金聲搜精秘訣 | 心一堂編 | 沈氏研易樓藏稀見易占秘鈔本 |
| 2 | 卜易拆字秘傳百日通 | 心一堂編 | |
| 3 | 易占陽宅六十四卦秘斷 | 心一堂編 | 火珠林占陽宅風水秘鈔本 |
| **星命類** | | | |
| 4 | 斗數宣微 | 【民國】王裁珊 | 民初最重要斗數著述之一；未刪改本 |
| 5 | 斗數觀測錄 | 【民國】王裁珊 | 失傳民初斗數重要著作 |
| 6 | 《地星會源》《斗數綱要》合刊 | 心一堂編 | 失傳的第三種飛星斗數 |
| 7 | 《斗數秘鈔》《紫微斗數之捷徑》合刊 | 心一堂編 | 珍稀「紫微斗數」舊鈔 |
| 8 | 斗數演例 | 心一堂編 | 秘本 |
| 9 | 紫微斗數全書（清初刻原本） | 題【宋】陳希夷 | 斗數全書本來面目；有別於錯誤極多的坊本 |
| 10－12 | 鐵板神數（清刻足本）——附秘鈔密碼表 | 題【宋】邵雍 | 無錯漏原版 秘鈔密碼表 首次公開！ |
| 13－15 | 蠢子數纏度 | 題【宋】邵雍 | 蠢子數連密碼表 打破數百年秘傳 首次公開！ |
| 16－19 | 皇極數 | 題【宋】邵雍 | 清鈔孤本附起例及完整密碼表 研究神數必讀！ |
| 20－21 | 邵夫子先天神數 | 題【宋】邵雍 | 附手鈔密碼表 研究神數必讀！ |
| 22 | 八刻分經定數（密碼表） | 題【宋】邵雍 | 皇極數另一版本；附手鈔密碼表 |
| 23 | 新命理探原 | 【民國】袁樹珊 | 子平命理必讀教科書！ |
| 24－25 | 袁氏命譜 | 【民國】袁樹珊 | |
| 26 | 韋氏命學講義 | 【民國】韋千里 | 民初二大命理家南袁 |
| 27 | 千里命稿 | 【民國】韋千里 | 北韋 |
| 28 | 精選命理約言 | 【民國】韋千里 | 北韋之命理經典 |
| 29 | 滴天髓闡微——附李雨田命理初學捷徑 | 【民國】袁樹珊、李雨田 | 命理經典未刪改足本 |
| 30 | 段氏白話命學綱要 | 【民國】段方 | 民初命理經典最淺白易懂 |
| 31 | 命理用神精華 | 【民國】王心田 | 學命理者之寶鏡 |

| | | | |
|---|---|---|---|
| 32 | 命學探驪集 | 【民國】張巢雲 | 發前人所未發<br>稀見民初子平命理著作 |
| 33 | 澹園命談 | 【民國】高澹園 | |
| 34 | 算命一讀通——鴻福齊天 | 【民國】不空居士、覺先居士合纂 | |
| 35 | 子平玄理 | 【民國】施惕君 | |
| 36 | 星命風水秘傳百日通 | 心一堂編 | |
| 37 | 命理大四字金前定 | 題【晉】鬼谷子王詡 | 源自元代算命術 |
| 38 | 命理斷語義理源深 | 心一堂編 | 稀見清代批命斷語及活套 |
| 39-40 | 文武星案 | 【明】陸位 | 失傳四百年《張果星宗》姊妹篇<br>千多星盤命例　研究命學必備 |
| **相術類** | | | |
| 41 | 新相人學講義 | 【民國】楊叔和 | 失傳民初白話文相術書 |
| 42 | 手相學淺說 | 【民國】黃龍 | 民初中西結合手相學經典 |
| 43 | 大清相法 | 心一堂編 | 重現失傳經典相書 |
| 44 | 相法易知 | 心一堂編 | |
| 45 | 相法秘傳百日通 | 心一堂編 | |
| **堪輿類** | | | |
| 46 | 靈城精義箋 | 【清】沈竹礽 | 沈氏玄空遺珍<br>玄空風水必讀 |
| 47 | 地理辨正抉要 | 【清】沈竹礽 | |
| 48 | 《玄空古義四種通釋》《地理疑義答問》合刊 | 沈瓞民 | |
| 49 | 《沈氏玄空吹虀室雜存》 | 【民國】申聽禪 | |
| 50 | 漢鏡齋堪輿小識 | 【民國】查國珍、沈瓞民 | |
| 51 | 堪輿一覽 | 【清】孫竹田 | 失傳已久的無常派玄空經典 |
| 52 | 章仲山挨星秘訣（修定版） | 【清】章仲山 | 章仲山無常派玄空珍秘<br>門內秘本首次公開 |
| 53 | 臨穴指南 | 【清】章仲山 | |
| 54 | 章仲山宅案附無常派玄空秘要 | 心一堂編 | 沈竹礽等大師尋覓一生末得之珍本！ |
| 55 | 地理辨正補 | 【清】朱小鶴 | 玄空六派蘇州派代表作 |
| 56 | 陽宅覺元氏新書 | 【清】元祝垚 | 簡易・有效・神驗之玄空陽宅法 |
| 57 | 地學鐵骨秘　附　吳師青藏命理大易數 | 【民國】吳師青 | 釋玄空廣東派地學之秘 |
| 58-61 | 四秘全書十二種（清刻原本） | 【清】尹一勺 | 玄空湘楚派經典本來面目<br>有別於錯誤極多的坊本 |

| | | | |
|---|---|---|---|
| 62 | 地理辨正補註　附　元空秘旨　天元五歌　玄空精髓　心法秘訣等數種合刊 | 【民國】胡仲言 | 貫通易理、巒頭、三元、三合、天星、中醫 |
| 63 | 地理辨正自解 | 【清】李思白 | 公開玄空家「分率尺、工部尺、量天尺」之秘 |
| 64 | 許氏地理辨正釋義 | 【民國】許錦灝 | 民國易學名家黃元炳力薦 |
| 65 | 地理辨正天玉經內傳要訣圖解 | 【清】程懷榮 | 秘訣一語道破，圖文并茂 |
| 66 | 謝氏地理書 | 【民國】謝復 | 玄空體用兼備、深入淺出 |
| 67 | 論山水元運易理斷驗、三元氣運說附紫白訣等五種合刊 | 【宋】吳景鸞等 | 失傳古本《玄空秘旨》《紫白訣》 |
| 68 | 星卦奧義圖訣 | 【清】施安仁 | |
| 69 | 三元地學秘傳 | 【清】何文源 | |
| 70 | 三元玄空挨星四十八局圖說 | 心一堂編 | 三元玄空門內秘笈　清鈔孤本 過去均為必須守秘不能公開秘密 與今天流行飛星法不同 |
| 71 | 三元挨星秘訣仙傳 | 心一堂編 | |
| 72 | 三元地理正傳 | 心一堂編 | |
| 73 | 三元天心正運 | 心一堂編 | |
| 74 | 元空紫白陽宅秘旨 | 心一堂編 | |
| 75 | 玄空挨星秘圖　附　堪輿指迷 | 心一堂編 | |
| 76 | 姚氏地理辨正圖說　附　地理九星并挨星真訣全圖　秘傳河圖精義等數種合刊 | 【清】姚文田等 | |
| 77 | 元空法鑑批點本——附　法鑑口授訣要、秘傳玄空三鑑奧義匯鈔　合刊 | 【清】曾懷玉等 | 蓮池心法　玄空六法 門內秘鈔本首次公開 |
| 78 | 元空法鑑心法 | 【清】曾懷玉等 | |
| 79 | 曾懷玉增批蔣徒傳天玉經補註【新修訂版原（彩）色本】 | 【清】項木林、曾懷玉 | |
| 80 | 地理學新義 | 【民國】俞仁宇撰 | |
| 81 | 地理辨正揭隱（足本）　附連城派秘鈔口訣 | 【民國】王邈達 | 揭開連城派風水之秘 |
| 82 | 趙連城傳地理秘訣附雪庵和尚字字金 | 【明】趙連城 | |
| 83 | 趙連城秘傳楊公地理真訣 | 【明】趙連城 | |
| 84 | 地理法門全書 | 仗溪子、芝罘子 | 巒頭風水，內容簡核、深入淺出 |
| 85 | 地理方外別傳 | 【清】熙齋上人 | 巒頭形勢、「望氣」「鑑神」 |
| 86 | 地理輯要 | 【清】余鵬 | 集地理經典之精要 |
| 87 | 地理秘珍 | 【清】錫九氏 | 巒頭、三合天星，圖文並茂 |
| 88 | 《羅經舉要》附《附三合天機秘訣》 | 【清】賈長吉 | 清鈔孤本羅經、三合訣法圖解 |
| 89-90 | 嚴陵張九儀增釋地理琢玉斧巒 | 【清】張九儀 | 清初三合風水名家張九儀經典清刻原本！ |

| | | | |
|---|---|---|---|
| 91 | 地學形勢摘要 | 心一堂編 | 形家秘鈔珍本 |
| 92 | 《平洋地理入門》《巒頭圖解》合刊 | 【清】盧崇台 | 平洋水法、形家秘本 |
| 93 | 《鑒水極玄經》《秘授水法》合刊 | 【唐】司馬頭陀、【清】鮑湘襟 | 千古之秘，不可妄傳匪人 |
| 94 | 平洋地理闡秘 | 心一堂編 | 雲間三元平洋形法秘鈔珍本 |
| 95 | 地經圖說 | 【清】余九皋 | 形勢理氣、精繪圖文 |
| 96 | 司馬頭陀地鉗 | 【唐】司馬頭陀 | 流傳極稀《地鉗》 |
| 97 | 欽天監地理醒世切要辨論 | 【清】欽天監 | 公開清代皇室御用風水真本 |
| **三式類** | | | |
| 98－99 | 大六壬尋源二種 | 【清】張純照 | 六壬入門、占課指南 |
| 100 | 六壬教科六壬鑰 | 【民國】蔣問天 | 由淺入深，首尾悉備 |
| 101 | 壬課總訣 | 心一堂編 | 過去術家不外傳的珍稀六壬術秘鈔本 |
| 102 | 六壬秘斷 | 心一堂編 | |
| 103 | 大六壬類闡 | 心一堂編 | |
| 104 | 六壬秘笈——韋千里占卜講義 | 【民國】韋千里 | 六壬入門必備 |
| 105 | 壬學述古 | 【民國】曹仁麟 | 依法占之，「無不神驗」 |
| 106 | 奇門揭要 | 心一堂編 | 集「法奇門」、「術奇門」精要 |
| 107 | 奇門行軍要略 | 【清】劉文瀾 | 條理清晰、簡明易用 |
| 108 | 奇門大宗直旨 | 劉毗 | 天下孤本　首次公開 |
| 109 | 奇門三奇干支神應 | 馮繼明 | 虛白廬藏本《秘藏遁甲天機》 |
| 110 | 奇門仙機 | 題【漢】張子房 | 奇門不傳之秘　應驗如神 |
| 111 | 奇門心法秘纂 | 題【漢】韓信（淮陰侯） | |
| 112 | 奇門廬中闡秘 | 題【三國】諸葛武侯註 | |
| **選擇類** | | | |
| 113－114 | 儀度六壬選日要訣 | 【清】張九儀 | 清初三合風水名家張九儀擇日秘傳 |
| 115 | 天元選擇辨正 | 【清】一園主人 | 釋蔣大鴻天元選擇法 |
| **其他類** | | | |
| 116 | 述卜筮星相學 | 【民國】袁樹珊 | 民初二大命理家南袁北韋 |
| 117－120 | 中國歷代卜人傳 | 【民國】袁樹珊 | 南袁之術數經典 |